서른, 우리가 앉았던 의자들

기낙경 지음

오브제

서른,
우리가
앉았던
의자들

기낙경 지음

온브제

서른, 서툴고 미숙한 의자에 앉는 시간

이렇게 살 수도 없고 이렇게 죽을 수도 없을 때 서른 살은 온다
_최승자, 「삼십세」(『이 시대의 사랑』, 문학과지성사)

서른의 여자들은 늘 들르는 카페가 있고 매번 앉는 자리가 있으며 언제나 같은 종류의 커피를 외친다. 그 카페는 거울 앞에서 한참을 서성거리다가 애인과 함께 들르는 곳이 아니다. 마음이 맞는 동료나 오랜만에 만난 친구와 가는 곳이다. 가방 속에서 문서를 꺼내 낑낑대는 곳이기도 하고 혼자 앉아 숨을 고르는 곳이기도 하다.

테이블 사이로 별다른 얘기가 오가는 것은 아니다. 서로의 소소한 취향에 대해 일상에 대해, 쇼핑이나 연애에 대한 말들이 가볍게 혹은 무겁게 지나가거나 정치적인 이슈나 영화에 대한 이야기가 화제의 중심이 되기도 한다. 그러다가 간간이 끼어드는 침묵,

알아채지 못하는 한숨, 머릿속을 떠나지 않는 자잘한 상념들이 머무르기도 한다. 시선이 부딪치기도, 각자의 허공을 떠돌기도 한다.

이 부지불식간의 시간들을 보내기 위해서라도 '서른'의 카페는 존재해야 한다. '서른의 의자'도 있어줘야 한다. 엉치뼈를 앉히고는 구두를 내려다보거나 무심코 바짓단을 살필 수 있는, 가방 속의 물건들을 만지작거릴 수 있는 '의자 위의 시간'이 필요하다.

개인적으론 격언이라 믿으며 부르던 노랫말의 의미를 알아챈 나이가 서른이었다. 연애의 참담을 온전히 내 몫으로 인정한 최초의 나이였고, 어머니를 '여자'로 받아들였으며, 식구들이 고여 있는 가정사를 가늠했고 먹고사는 문제의 성장통을 제대로 앓았던 나이였다.

생각해보면 생이 고苦와 락樂의 범벅이라고 인정하는 나이가 서른이다. 어쩌면 한 번 크게 '부러지는' 나이인 서른은 삶의 쓴맛을 들이켜면서도 희망이라는 단어를 주억거리면서 나날을 연명하는 나이인지도. 그 씨를 잉태하기 위해 잠자리에 든다는 것을 알아차렸으니 말이다.

서른을 넘긴 후, 달라진 것은 많지 않다. 여전히 서툴고 미숙한 자신을 만난다. 하지만 인간관계의 온기에는 무감하고 냉기에는 민감해지는 자신도 만난다. 삶을 향한 미열마저 식어가는 심장을 매만지게도 된다. 사람들이 하나둘씩 자취를 감추거나 멀어지는 것을 순리로 받아들이기도 한다. 그리고 그럴 때면 늘 의자에 앉고 싶다. 거기에 앉아 어느 시절엔가 스스럼없이 흘리고 다녔던 순수한 명랑함을, 좋은 종류의 진지함을 떠올리고 싶다.

   모든 것이 파손되고, 상하고, 사용되고, 이용되고, 결국 파괴되기 이전을 꿈꾸고 싶다. 스스로 개선하고 보완하는 시간을 지나 치유의 길에 이르고 싶다. 다시 이전의 나를 찾고 싶은 것이다.

차례

서문:
서른, 서툴고 미숙한 의자에 앉는 시간　　　　　　　　　　4

매일매일
의자 얼굴

빨간 의자가 있는 정물　　　　　　　　　　12
쾌속 시간 열차　　　　　　　　　　　　　　16
녹색광선　　　　　　　　　　　　　　　　　22
젊은 사랑의 깜냥　　　　　　　　　　　　　28
혼잣말　　　　　　　　　　　　　　　　　　34
카페 산책자　　　　　　　　　　　　　　　38
여배우들　　　　　　　　　　　　　　　　　46
택시　　　　　　　　　　　　　　　　　　　52
도시의 잠언　　　　　　　　　　　　　　　58
소금창고, 연애창고　　　　　　　　　　　　64
그림 속 진실과 낭만적 거짓　　　　　　　　72
엘비라 마디간　　　　　　　　　　　　　　78
영웅들　　　　　　　　　　　　　　　　　　84
눈물의 근육　　　　　　　　　　　　　　　90
외딴 방 독서클럽　　　　　　　　　　　　　94
버스 정류장　　　　　　　　　　　　　　　102
둥근 밥상의 행복　　　　　　　　　　　　　108

서른의 언어, 의자의 언어

천국의 문	114
나만의 우드스탁	120
음예 공간	124
바다	132
침묵	136
앤디 워홀의 의자 냄새	142
뒷모습	148
의자의 향기	152
기도하는 의자	158
사막의 얼굴	164
그늘의 발달	170
연못 의자의 벗	176
세월 후에 남겨진 것들	182

우리가 앉았던 의자들

상록수	190
세월상회	196
윤미네 집	200
마당 깊은 집	206
아버지	210
봄을 견디는 시간	214
눈이 와	220
제주도 백구	228
고양이에 관한 사색	234
풍경 그림	240

매일매일

의자 얼굴

빨간 의자가 있는 정물

그날 밤 모두는 기분 좋은 취기에 젖을 수 있었다. 아니 몇은 술 대신 흘러나오는 음악을 들이켜고 있었는지도 모른다. 아프리카의 사랑 노래 〈말라이카〉가 구슬프게 울려퍼지고 촛불은 입김에 흔들렸다. 누군가는 침대 밑에 펼쳐진 매기 테일러Maggie Taylor의 몽환적인 사진들을 들여다보았고, 나는 누구에게 다이안 아버스Diane Arbus의 평전에 관해 떠들어댔다. 어쩌면 이 풍경들은 여러 차례 나의 집을 오갔던 이들에 대한 잔상인지도 모른다.

그즈음 나는 친구들을 불러 모시조개를 삶아 봉골레 파스타를 내밀거나, 파마산 치즈와 호두가루를 얹은 샐러드를 선보였고, 와인잔에 맥주를 따라 들이켰다. 이야기가 필요했고 음악을 나누고 싶었다. 친구들이 드나들며 뿌려놓았던 흔적들,

사람의 온기는 내게 잘 듣는 수면제가 되어주곤 했다.

재미있는 것은 당시 내가 꼭 의식처럼 행한 일련의 행위들이다. 그 하나가 전깃불 대신 집 안의 초란 초는 다 켜 실내를 밝히는 것, 또 하나가 한때 인사동에서 구입한 벼루며 붓, 화선지를 들고 와 그림을 그린 것이다. 붓을 헹구는 작은 컵과 색색의 물감을 짜놓은 팔레트도 준비해두었다. 종이를 펼쳐놓은 작은 책상 위에는 초를 두 개 정도 켜두고 물을 조금 뿌린 벼루에 먹을 가는 기분이란…….

어떤 이는 커다란 달을 그렸고 어떤 이는 내 얼굴을, 또 어떤 이는 밤새 수십 장의 종이에 알 듯 모를 듯한 추상화를 그렸다. 지금 생각해도 기분 좋은 추억이다. 사람들이 함께해 그렇고, 촛불이 모두의 가슴을 따뜻이 데우기도 해서 그렇다. 어른들이 동심으로 돌아가 유치원 아이들처럼 깔깔거리기도 했고, 형태를 만들고 색을 칠하기 위해 낑낑대며 집중했다. 모두 지나간 시간이지만 그 밤들만큼 풍요로웠던 기억도 몇 안 된다.

그때 내가 그린 졸작들 중 남은 것은 빨간 의자가 있는 그림이다. 어느 밤에 나는 보라색 꽃 이파리를 띄워놓고 그 위에 구조감이라곤 영 꽝인 빨간 의자를 올려두었다. 허공 어딘가에서 특유의 앙상한 나무 그늘이 다가오는 그림. 어쩌다 이 이미지가 떠올랐는지는 기억나지 않는다. 다만 지금 방 귀퉁이에 붙어 색이 바래가는 그림을 보면 한때 시간의 무리가 떠오른다. 함께 왔던 커플은 이미 오래 전에 헤어졌고, 술 한 병 들고 찾았던 친구의 주정도 아득해지고, 같이 음악을 듣고 농담을 나누던 이들 몇몇은 연락조차 멀어졌지만…… 잠들기 전 어쩌다 시선이 머무는 그림을 볼 때마다 그때의 시간이 정지화면처럼 눈앞에 펼쳐진다. 마치 오래된 앨범의 표지를 보는 기분이랄까?

그 그림이 의자라서 다행이다. 그냥 친근하고 위태하면서도 중심을 잡고 있는 폼이 맘에 든다. 빈 의자이지만 누군가 와서 쉬어가는 데 인색하지 않은 것 같다. 무당벌레가 잠시 내려와 몸을 숨겨도, 바람이 건들거리며 색을 훔쳐 달아나도, 심술난 꼬맹이가 달려와 밀어뜨려도 저 풍경 속에선 뭐 하나 어색하지 않게 느껴진다. 우리에게 의자란 무엇일까? 하고 저 야윈 의자에게 물으면 가만히 제 허벅지를 두어 번 칠 것이다. 우리네 할머니와 아버지가 그랬듯이 와서 앉으라고. 어서 와 이 무릎에 네 피곤한 엉덩이를 누이라고.

예의 내 친구들이 그랬듯이 식탁 아래 앉아 무릎을 부딪치며 두런두런거리는 시간에도, 혼자 앉아 눈물을 삼키는 시간에도 의자는 필요하다. 어느 시절에나 걸터앉을 의자가 있어야 하는 게 우리네 생이다. 의자가 있는 풍경들, 그 빼곡한 사진첩을 기억하는 이유도 아마 그것일 것이다.

쾌속 시간 열차

조금 일찍 맞춰놓은 알람이 울린 지 10분. 3분 단위로 눈을 뜨고 시계를 쳐다본다. 창 밖에서 슝슝거리는 바람 소리가 거슬리기도 하고, 옆집에서 들리는 샤워 물소리, 누군가 지하 주차장에서 차를 빼는 소리가 또렷이 감지되기도 한다. 몸을 일으켜 샤워를 하고 아침을 챙겨 먹고, 지하철에 올라 제 시간에 사무실 의자에 앉는 상상을 해본다. 무슨 옷을 입을지 머리를 감을지 말지 망설여보기도 한다. 오늘은 누구와 약속이 있고, 어떤 일을 해야 하는지도 떠올려본다.

상상은 흐르고 흘러 아예 하루를 마치고 다시 달콤한 잠에 빠져들 바로 이 자리, 침대 속으로 몸을 들이밀 밤을 그려보기도 한다. 이불 속에 틀어박혀 조바심내며 시계를 쳐다보면서 이런저런 궁리로 하루를 몽땅 그려보는 아침, 그렇게 알람이 울리고 30여 분이 흐른, 더 이상 빠져나갈 구멍이 없어진 나는 느리게 몸을 일으킨다.

샤워는 생략하고 머리만 감자고 생각한다. 머리를 말리고 옷을 입는 내내 TV가 알려주는 시간을 계속해서 흘끔거린다. 시간은 볼 때마다 달라지고, 기상 캐스터는, 뉴스를 진행하는 앵커는, 교통정보를 알려주는 리포터는 제 목소리로 시간을 또박또박 일러준다. 날짜가 똑똑히 박혀 있는 유통기간을 확인한 후 우유를 데워 마시고, 정각에 출발하는 마을버스에 올라탄다.

라디오 진행자도 틈틈이 시간을 알려주고 모두들 시간의 인솔 하에 집 밖으로 빠져나온 순한 양처럼 보인다. 지하철 역사에서도 시간은 나를 봐달라는 듯 큰 글씨로 제 존재를 알린다. 지각을 목전에 둔 나는 역을 빠져나오면서도 택시 안에 앉으면서도 계속 시간을 확인한다. 횡단보도 신호등도 일정한 시간을 두고 등을 바꿔 켠다. 엘리베이터 앞에서 정확히 45초 서 있던 나는 엘리베이터에 몸을 실은 지 25초 만에 카드키를 빼 '삑', 나의 출근시간을 몇 시 몇 분 몇 초까지 남기며 사무실 의자에 안착한다.

초침의 리듬으로 움직이는 아침의 의식. 비단 나만의 아침 풍경은 아닐 것이다. 도시에 발 묶여 하루를 맞고 보내는 직장인이라면 누구나 겪고 있을 일이다. 사실 이십대까지만 해도 이렇듯 시간의 무게에 눌려 있다는 느낌은 적었다. 돌아보면 시간을 의식하지 않고 얼마간 자유로울 수 있었던 시절이기도 하다. 하지만 서른을 넘기고 나니 지난날이 아깝고 다가올 날이 두렵다는 의식이 지배적이다. 세월이 무서워지니 점차 시간의 위력을 실감하는 것이다.

일상을 몇 시 몇 분이라는 숫자의 규칙대로 살다 간 제이 그리피스의 책을 읽게 되었다. 『시계 밖의 시간』이라는 다소 평범한 제목의 책이었는데, 시계가 현대인의 일상을 얼마나 지배하고 있는지에 대한 꼼꼼하면서도 은유적인 성찰이 꽤 매력적이었다.

이를테면 미시시피 강 저지대 계곡의 나체Natchez 족은 달의 이름을 '딸기의 달' '작은 옥수수의 달' '수박의 달' '곰과 밤나무의 달'로 구분했다. 라코타 인디언에게 8월 중순은 '벚나무 열매가 익는 달', 10월 초는 '잎이 지는 달', 1월 말은 '눈보라 치는 달'이라고 한다. 또 시베리아 북부의 우고르 오스탸크 족은 말 위에 앉지 못하고 얼음 위를 조심조심 다녀야 하는 달에 '도보여행'이라는 이름을 붙였다. 이밖에 '산란의 달' '까마귀의 달' 등이 있다. 인도 안다만 숲의 사람들은 꽃과 나무들의 냄새로 한 해의 시간을 묘사하는 '향기 달력'을 만들었고, 어느 인디언의 나이를 알기 위해서는 "당신의 생애에는 과바꽃이 몇 번 피었나요?"라는 질문을 해야만 답을 얻을 수 있다.

이와 반대로 숫자로만 나열된 시간 속에는 자연계의 다양한 표정들이 없다. 1초는 세슘 원자가 91억 9,263만 1,770번 진동하는 시간이며, 그 1초는 하루에 8만 6,400초 째깍이고 1년이면 3,153만 6,000번 째깍인다는 계산은 아예 무색무취다. 생명의 기운으로 우글거렸던 이전의 시간개념은 점점 진공화되고 잿빛 풍경으로 변하더니 이제는 오로지 권위적인 명령조의 말투만 남아 있다.

우리는 시간을 보고 가슴을 콩닥거리며 마감업무를 재촉받기만 할 뿐이다. 별자리를 보거나 바람 소리를 듣고서 아무것도 알아차리지 못한다. 자연의 시간은 우리의 삶을 대지와 숲속에 참여시켰지만 기계문명의 시간은 우리를 삭막한 도시에서 쳇바퀴를 굴리게 만들었다. 시간을 통제하고, 시간을 속도화하면서 자연과 공존하는 능력뿐만 아니라 영혼의 감수성까지 잃어버린 것이다.

정확히 재단된 시간 안에서 어느 때는 모든 것을 놓아버리고 싶은 무력감에 빠지기도 하고, 함부로 뺑 차버리고 싶은 기분까지 든다. 시간 안에서 제 임무를 완수하고 있지 않으면 박탈감을 느끼고 안절부절못하며, 어쩌다 한가한 시간이 찾아와도 제대로 운용하지 못한 채 허송하기 일쑤다. 시간의 얼음 조각 위에서 나는 어디에 발을 디디고 있어야 할지 위태롭게 서 있는 꼴이다.

'나는 오직 평화로운 시간만 센다'라고 시간의 단위를 자신 있게 말하고 싶다. '나는 지금 겨울 바다의 시간을 만끽하고 있다'라는 안부가 잘 전달되었으면 한다. '지금은 어느 계절'이라든지, '해가 뜨고, 달이 뜨네'라는 간단한 시간의 골격만으로 삶을 살고 싶다. 수갑처럼 달라붙은 휴대폰을 던지고 저 시원의 시간에 다가가고 싶다. 이 모든 바람에 불가능한 욕심이라는 낙을 찍지 않아도 되는 그런 삶 말이다.

녹색광선

지금의 시네코드 선재 자리에서 에릭 로메르의 영화를 줄줄이 본 적이 있다. 그때만 해도 비 오는 날 흙 위로 튀는 빗방울을 볼 수 있었고, 상점이 즐비하지 않아 가로등 그림자도 깊숙했다. 그래서인지 늦은 시각 영화가 끝난 후 우산을 쓰고 그 길 위를 걸어가는 맛은 꽤나 고즈넉했다.

〈녹색광선〉도 그때 본 영화. 나름의 로망을 기대한 여름 휴가지에서 주인공은 번번이 외로움을 느낀다. 성격이 소심하고 내성적이어서 친구들 사이에서도 겉돌고 제대로 어울리지 못한다. 그러면서도 그녀는 자신의 곁에 누군가 나타날 것이라는, 꿈같은 녹색광선을 볼 거라는 믿음만은 버리지 못한다.

여름의 일상은 화사하면서도 나른하게 흘러가고, 그 속에서 감독 특유의 말들이 공기 중에 흩어진다. 그러고는 마지막 장면에서 주인공 '델핀'은 낯선 남자 옆에서 그 선명한 녹색 빛을 응시하며 기쁨의 눈물을 흘린다.

엔딩을 보고 나오는 길, 여름휴가 때 무엇을 할지 고민하는 나를 보며 영화 속 주인공 델핀이 생각났다는 누군가의 말을 떠올렸다. 어쩌면 그 이유로 이 영화를 보고 싶었는지도 모른다. 바다에 가고 싶었지만 떠들썩한 곳이 싫었고, 자전거를 타고 섬을 한 바퀴 돌고 싶었지만 혼자는 싫었던, 나의 휴가 계획과 드러내고 숨기는 말 사이의 진심에 대해 생각했다.

녹색광선을 보지 못한 채 흘러가버린 날들이 켕겨왔고, 번번이 어긋나는 사랑도 따라 감겨왔다. 과연 그 도도한 초록빛을 내 눈으로 확인할 수 있을지 확신이 서지 않았다. 그런 면에서 주인공은 운이 좋은 사람이라는 생각이 들었다. 함께 그 녹색광선을 보고 싶었던 이도 생각났다.

서른 즈음, 어떤 연애를 했다. 인상이 선하고 무엇보다 마음이 따뜻한 사람이었는데, 만남의 시간은 그리 길지 못했다. 한창 마음을 열고 기울어 있을 때 헤어지는 게 낫겠다는 말을 들었다. 당장 받아들이기 힘들다면 시간을 두고 도와주겠다는 말도 들었다. 나는 그랬다. 지금 번민이 많아 그런 거라면 기다리겠다고.

하지만 기다림의 시간 동안 몇 번의 긴 글들을 주고받은 끝에 내 쪽에서도 마음을 정리했다. 그때 많은 것이 혼란스러웠다. 워낙 연애경험이 부족할 때이기도 했지만 같이 나눈 따뜻한 시간을 배반하는 듯한 이중감정이 특히 그랬다. 겉으로는 어쩔 수 없었던 거라고 담담히 얘기했지만, 속으로는 전혀 그렇지 않았다. 어린애처럼 울기도 했고, 인정도 되지 않았다.

그 폭풍 같던 시간이 흐르자 스스로에게 솔직히 따져 물었다. 상대가 나에게 어떤 사람이었나 이전에 나는 그에게 어떤 사람이었나. 나는 신뢰와 배신감을 말하지만 그 말의 근거가 될 만한 정당한 사유들이 과연 얼마나 존재하는가. 만남의 끝을 인정하지 않는 나는 과연 무엇을 바라고 있었나. 그러고 나니 이런 생각이 고개를 들었다.

내가 누군가에게 이별을 고했을 때, 당시 내 안에 가득했던 삶의 이유들처럼 그도 그런 것이리라. 제 삶의 궤적 안에서 어떤 선택을 한 것이리라. 다만 지금 아픈 내가 있을 뿐, 같이 행복했던 순간이 있을 뿐. '이 또한 지나가리라'고.

　　　　모든 연애가 해피엔딩일 수 없고, 인연은 시간이 다하면 기울고 또 새로 돋게 마련이다. 서른 즈음의 연애에서 미움보다 이해의 가능성을 봤던 나는 안다. 당시로선 역지사지의 미덕이 이리도 발휘될 수 있구나 했는데, 이후 몇 번의 연애를 지나쳐보니 짐작이 갔다. 사실을 사실대로만 따지는 것도, 마음껏 미워하고 싶어 오해에서 벗어나지 않으려는 것도, 자학에 빠져 스스로를 탓하는 것도, 되지도 않는 이해심으로 왜곡하는 것도 모두 진실과는 먼 것이라고.

　　　　어쩌면 그만큼 절실하지 않았는지도 모른다. 이런저런 따져물음과 한 줄 정리, 캐고 캐는 마음살이는 내가 나에게 하는 것이 아니라 절망에 잠긴 나에게 친구가 들려주는 조언이어야 한다. 그들이 건네는 위로의 말이면 족하다. 내가 나에게 들려주는 언어들은 조금 더 비밀스럽고 온기 있어야 하는 것이다.

　　　　녹색광선이 생에 한 번 찾아올까 말까 하는 것이라 해도, 매일 해는 지고 밤으로 넘어가는 시간은 엄연한 것이다. 그러니 그 매일을 주의 깊게 감동으로 기억하면 되는 것 아닐까?

아픔은 아픔대로 또 환희는 환희대로 놔두는 것이다. 결국 동전의 이쪽저쪽이 아니던가.

　　　　연애에 있어서 낮과 밤, 감정의 이쪽과 저쪽을 사념하기에 해질 무렵처럼 적당한 시간도 없다. 개인적으로 해넘이의 하늘, 오렌지 빛 하늘이 마천루 너머로 잠기고 야청빛이 몰려오는 밤의 시작을 놓치지 않으려고 한다. 야근을 해야 하는 날, 일부러 시간을 기다려 밖으로 나가 목을 빼고 하늘을 본다.

　　　　그 시간 동안 타인의 마음이 보이기도 하고 이내 어두워져 아무것도 읽을 수 없게 되기도 한다. 해서 앞으로 만나고 싶은 사람은 나란히 앉아 그 하늘을 올려다볼 수 있는 사람이었으면 좋겠다. 집 앞 의자에 앉아, 바닷가 모래밭에 앉아, 언덕을 올라 엉덩이를 붙이고 하루의 또 다른 시작을 나누고 싶은 이였으면 한다. 줄곧 대화를 하고 말을 섞다가도 그 시간만큼은 말없이 침묵하고 싶다.

　　　　이 연습을 제대로 한다면 어느 날 근사한 녹색광선을 볼 수 있을지도 모르겠다. 예기치 않은 순간 삶은 기묘한 반전에 접어든다고 하지 않던가.

젊은 사랑의 깜냥

　　문학평론가 신형철은 젊은이들이란 자신의 삶을 비극이라고 믿는 버릇을 가지고 있지만 감히 그 비극을 완성할 용기는 가지고 있지 않은 치들이라고 했다.
　　돌아보면 그렇다. 지난날 나는 내 삶에 '비극적'이라는 문패를 달았다. 충분치 못한 살림, 뜻대로 안 됐던 대학 입학이며, 학비를 벌기 위해 쏟아야 했던 시간, 아버지의 아픈 몸을 마주해야 했던 시간들, 쉽게 마음 주고 상처 받았던 연애사, 도로 다른 이에게 돌려주었던 상처들…… 가족사도 연애도 내 앞에서 벌어지는 일들, 내가 몸 섞어 생겨나는 일들을 모두 나로 인한 비극이라 치부했다. 그의 말대로 "찰나의 행복을 영원이라 생각하고 사소한 고통을 지옥이라고 과장하면서", 진짜 '비극' 속으로 풍덩 투신해보지도 않았으면서 그렇게 밑도 끝도 없이 문패 앞에서 흔들렸다. 앞뒤 없이 내 청춘의 밑그림에 그림자를 덧칠했다.

그림자가 어두우니 내 얼굴도 검다고 내 마음도 시꺼멓게 탔다고 우겼다. 우기다 보니 그게 나였고 내가 그 증거였다. 하지만 마음 한구석에서 밀려 올라오는 박하 같은 입김. 어찌할 수 없이 터져 나오는 까르르거리는 웃음은 막을 수 없었다. 살아가면서 기쁘고 행복한 순간을 막을 수 없었다. 내게도 연인과 함께 의자에 앉아 전철을 기다리던 시절이 있고 거기서 나누던 정다운 눈빛들이 날 먹여 살렸음을 인정한다.

내가 연애에 있어 궁극적으로 바라는 것이 무엇인지, 내 삶의 모양을 어떻게 꾸려가고 싶은지, 거기서 옳고 그름의 가치기준은 무엇이어야 하는지 제대로 가늠하는 시간을 갖는 것은 쉽지 않다. 우선 나의 삶조차 그 판단에서 풀려나 있다. 자신을 깊게 들여다보고 성찰하는 기회를 갖기보다 당장 놓여 있는 생활의 바퀴를 굴리는 데 할애하는 시간이 많기 때문이리라. 혹 그 시간이 주어져 있더라도 나만의 영역을 찾아내는 일은 집중력과 끈기를 필요로 한다.

하지만 분명한 건 진짜 관계를 갖기 위해서 삶은 이 판단을 기본 조건으로 요구하고 있다는 것이다. 현실이라는 칼날에 휘둘리지 않기 위해서 우리는 의외로 밀도 있는 '자기 알기'를 체험해야 한다. 그래야 현실은 슬기를 발휘하는 현장이 되고, 남자와 여자가 아니라 사람과 사람이 만나는 융숭한 집자리가 된다.

몸이 몸을 만질 때/숨결이 숨결을 스칠 때/스쳐서 비로소 생겨나는 소리/
그대가 나를 받아주었듯/누군가 받아주어서 생겨나는 소리
_문태준, 「바닥」(『가재미』, 문학과지성사)

나는 이 시에서 보여준 몸과 몸의 언어를 믿는다. 사람이 타인의 역사를 통째로 이해하기는 힘들지만 적어도 미지의 세계를 향해 신중한 발길을 내딛듯 타인을 이해하기 위한 여행을 떠날 수는 있다고 생각한다. 내가 발 디딜 곳에 대한 믿음, 내가 그의 생에서 얻을 눈물과 상처도 나의 옹이로 생각하고, 혹은 거기서 얻어 마신 신선한 샘물과 뜨거운 열매들에 감사할 줄 아는 마음. 적어도 서로가 서로를 받아 안으며 그 무게를 자신의 두 발로 견디기 위한 자세만 되어 있다면 사랑은, 노동은 충분히 온 생애를 걸 만한 가치가 있다.

물론 이를 위해서는 자신이 진정 그럴 준비가 되어 있

는지를 가늠해야 될 것이다. 그리고 이는 남들이 말하듯 흔한 사랑에 대한 낭만적 믿음이 아니라 자신에 대한 믿음이 있어야 가능한 일이다. 내 몸의 질량을 재고, 가슴의 깊이를 재고, 다정의 표면을 쓰다듬어봐서 결정할 문제는 아니다. 어떤 도구로도 그 면면을 제대로 측량하기는 힘들다. 중요한 것은 시작할 수 있다는 믿음이 진정으로 우러나오는 자기만의 시간을 진짜 보냈느냐는 양심의 문제다.

돌이켜보면 나의 지난 만남들은 제 생도 벅찬 깜냥이 저지른 일종의 무용담 같다. 감정에 취해 함부로 사랑에 빠지고 빠졌다는 착각을 내 것으로 만들었다. 그래서 타인에게 상처도 주고, 헛된 믿음들도 안겨주었다. 추억을 함부로 쌓았고 그 속에서 번민하며 시간을 벌었다.

인정한다. 나 역시 무능한 개인이다. 어두운 방에 누워 질질 짜고, 겨우 얻어낸 한 줌 깨달음을 삶이라는 길 위에서 놓치는 숱한 사람 중 하나가 바로 나다. 재난의 밤을 알면서도 통증이 밤의 양식인 양 구걸하듯 그걸로 연명해왔다. 앞으로의 내 생애에 또 얼마나 실수와 재난이 포진해 있는지 모르겠다. 내가 갑자기 유능한 개인이 되어 후회 없는 선택들을 한다고는 절대 장담할 수 없다.

다만 이제는 나를 좀 사랑할 때가 되지 않았느냐고 생각해본다. 무조건 비극이라는 휘갈김이 아니라 적어도 행복을 위한 준비는 해야지 않겠느냐고 생각한다. 타인을 자로 재듯 판단하기에 앞서 나 자신부터 점검해야겠다고 생각한다. 그래서 나는 내 마음의 곳간에 사랑할 양식을 좀 쌓아두고 시작하고 싶다. 아무것도 쥐지 않은 채 나만을 사랑해달라고 말하는 **뻔뻔함**을 반복하고 싶지는 않다.

삶의 비극적인 뉘앙스를 멋대로 희극으로 바꿀 능력은 없지만 비극은 비극대로 또 행복한 순간은 행복한 순간대로 만나보고 싶다. 그 모든 것이 어우러진 내 길 위에서 같이 손 붙잡고 갈 사람을 찾는 지혜의 눈을 겸비하고 싶다. 서로의 아픔은 같이 쓰다듬고 모자란 부분은 같이 밀어넣어주고 그 몸의 언어가 정직하게 발휘되는 사람을 만나고 싶다.

그래야 진짜 오래된 연인이 될 수 있을 테니까. 그 오래된 자리에서 비로소 환한 꽃 필 수 있을 테니까.

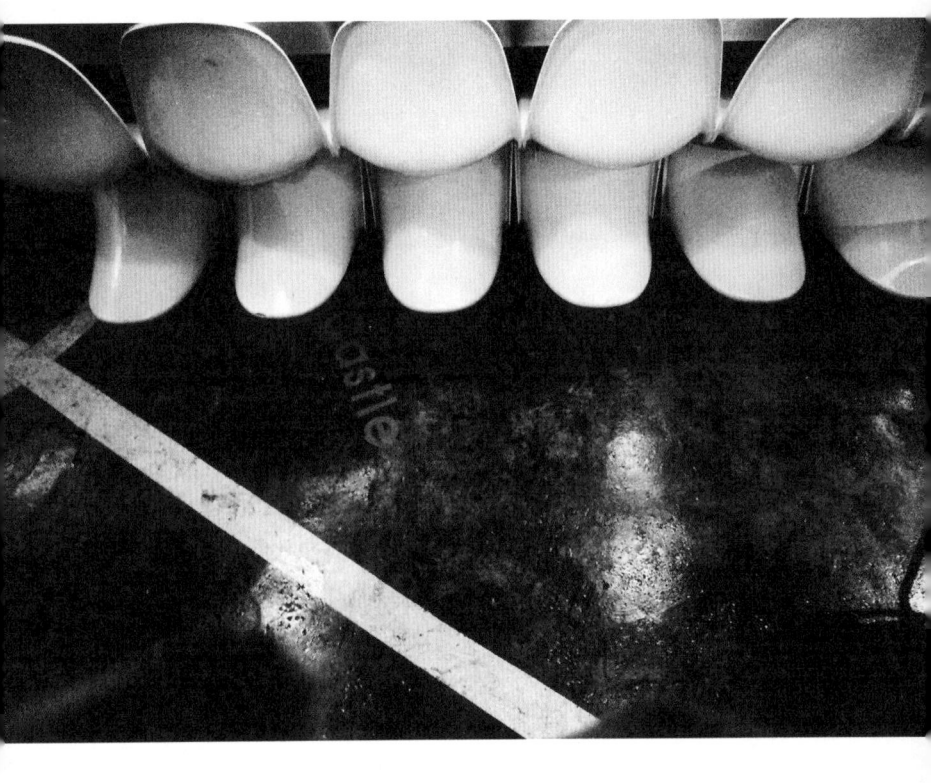

혼잣말

　　밤 공기가 차다. 여기저기 지나는 사람들이 보인다. 사람들로 왁자한 술집. 그 소란을 틈타 가게 문을 열었다. 잠시 바깥공기도 마시고 가슴 한켠 올라온 그리운 이도 만나보고 싶었다. 저기 저 안이 고요할 때 함께 있던 사람, 두런두런 서로의 지난날을 풀어놓았던 시절을 기억해버리고 만 것이다.

　　목젖이 뜨거워져 전화기 버튼을 누르고 싶은 밤. 주머니 속에 손을 넣고 만지작거린다. 그냥 그래보기만 한다. 번호는 오래전에 지워졌다. 함께 찍은 사진도 지워졌다. 그걸 아는 까닭에 버튼을 누를 수도 없다. 한없이 밀려오는 생각들, 어떤 기억들.

　　어디에선가 익숙한 향내가 끼친다. 언젠가 맡았던 전등사의 향 냄새. 산골물과 바다가 만나는 곳에 묻어둔 참나무로 만들었다는 침향 냄새. 거기에는 물과 바다의 인연처럼, 바다를 만나러 골짜기를 흘러내려간 산골물의 염원처럼, 한때 인연이라고 믿었던 이가 곱게 서 있다.

　　　　밤은 그렇다. 길 위의 밤은 더 그렇다. 향은 아직 남아 타오르고 있지만 그리운 것은 그리운 채로다. 기억의 풍경은 또렷한데 함께한 이의 얼굴은 그렇지가 못하다. 그림자만 우두커니 진하다.

　　　　가로등 불빛이 신발을 비추고, 차가워진 옷소매도 비춘다. 낙엽도 쓸어보고 노래도 듣는다. 어떤 가사가 흐를 때마다 자꾸 멈칫거리게 되고, 한쪽 귀가 시큰해져 오기도 한다. 마음이 자꾸 헐거워지는 것이다. 지나는 바람도, 따가운 공기도 물기가 되어 스민다. 그러면 좀처럼 무거워져 몸을 일으키기가 쉽지 않다. 어둡게 타버린 마음의 가장자리가 발길을 붙잡는다. 지난날의 웅덩이로, 그 가까이로 마음을 민다. 기울어진 마음은 한동안 말이 없고, 고개를 돌리고 싶어진다. 저 소란 속으로 다시 들어가고 싶어진다.

　　　　이러지도 저러지도 못하는 마음의 중앙. 앞차가 오고 뒤차도 오는 한중앙. 거기서 꼼짝 않고 서 있는 앙상한 나무. 옛

일의 무게에 곧 부러질 것 같은 가지처럼 나는 서 있다.

이제는 뾰족한 마음도 미움도 남아 있지 않다. 다만 서로의 한 시절이 만나 잠시 눈 맞췄구나 생각한다. 어떤 사고처럼 가슴 한쪽씩 부딪쳤구나 생각한다. 가로등 불빛과 나와 의자, 이 차가운 공기처럼, 우연한 합석이었다고 생각한다. 순간이나마 마음이 데워지고 정다운 눈길을 주고받았으니 그걸로 된 것이라 생각한다. 그래서 어느 한쪽 그을린 자국이 있는 것은 당연한 일 아니냐고 묻는다. 묻고 또 대답한다. 그래야 조금이라도 편안해지고 함부로 상처 입지 않는다는 것도 안다.

돌려보낼 줄 아는 것, 제시간에 일어설 줄 아는 것, 어느 때는 이것이 어렵고 힘겨운 숙제였다. 답을 알면서도 아는 척하지 않았다. 서로의 마음을 잡아당겨 다시 이을 수 있다고 생각했다. 아니 그러리라고 고집했다. 억지인 걸 알면서도 그럴 수밖에 없었다. 만남을 여미는 시간. 그 시간의 온당함을 아는 지금에도, 아니 이후에도 아마 나는 그걸 잘해내지 못할 것이다. 다만 알고 있을 뿐. 또 그렇게 그을린 자국을 더할 것이다. 그 바보스러움이 쉽게 덜어내지지 않는다.

추억의 달력에 매달려 있던 시간. 그 시간을 지나 나는 또 다시 떠들썩한 의자 위에 앉는다.

카페 산책자

　　일본 출장을 틈타 도쿄에 사는 친구를 만났는데, 일본인들만 아는 카페로 데려갔다. 커피 향에 섞인 사람들의 말소리가 고즈넉한 느낌을 주는 오래된 커피 하우스. 그곳에는 바리스타 경력 20년이 넘는, 거기서만 15년 넘게 일한다는 중년의 바리스타가 있었다.

　　친구와 함께 바에 앉자마자 정갈하게 이어지는 바리스타의 핸드드립 커피 제조 과정에 시선을 빼앗겼다. 원두를 분쇄하고 드리퍼와 찻잔을 예열하고, 금속 포트를 위아래로 움직이며 뜨거운 물을 붓는 몸짓마다 정성과 고요가 깃들어 있었다. 그의 등 뒤로 천장까지 길고 높게 펼쳐진 진열장에는 같은 모양이 하나도 없는 커피 잔이 빼곡하게 자리를 차지하고 있었는데 바리스타가 주문을 받으면 손님과 어울리는 커피 잔을 직접 골라서 내미는 것이 재미있었다.

나는 일본인이 즐겨 마신다는 자메이카산 블루마운틴을 주문하면서 생각했다. 진열장 꼭대기에 있는 검은색 웨지우드 잔에 마시고 싶다고. 그런데 잠시 후 거짓말처럼 그는 내게 검은색 웨지우드 재스퍼잔에 담긴 따뜻한 블루마운틴을 내밀었다.

한 잔의 커피를 위해 정성을 다하는 모습, 향을 맡고 질감을 느끼고 천천히 물을 붓고 찻잔을 고르는 모습. 그날 마신 한 잔의 커피는 일련의 시간 때문에라도 여행자의 부유하는 심장을 가만히 다독여주는 손길이었다.

사람들은 커피를 마시기 위해 카페를 찾고, 다리를 꼬기 위해 의자에 앉고, 습관처럼 커피를 시키고, 마음을 녹이기 위해 담배에 불을 붙인다. 다시 말해 사람들은 시간을 벌기 위해 카페를 찾고, 일상에 대한 험담을 충분히 늘어놓기 위해 커피를 주문하며, 느긋한 체하기 위해 담배를 문다. 그렇게 커피와 담배를 입에 품고서 시간에 방점을, 요란하지 않은 휴식을 취하는 것이다.

구독 신청을 해서 보는 주간지에도 커피 관련 기사는 정기적으로 실리는 편이고 저마다 개성 있는 듯 또 비슷해 보이는 카페들이 홍대며, 가로수길, 삼청동 등에 우후죽순처럼 생기고 있다. 그야말로 요즘 대한민국은 카페 전성시대라 해도 틀리지 않다. 나만 해도 출근 후 에스프레소에 물을 반쯤 타 오전에 한 번, 점심 후에 습관적으로 한 번, 또 내키면 퇴근 후 한 번, 하루에 꽤 여러 잔의 커피를 마시는 편이다. 회사에서는 지하 커피전문점에서 팀끼리 미팅을 하기도 하고 한 달에 한 번 하는 기획회의를 위해 조금 멀리 한적한 야외의 카페로 차를 몰고 나가기도 한다. 그만큼 카페와 커피는 지금의 일상에 적당한 쉼표를 찍고 마음을 풀어주는 구실을 톡톡히 하고 있다.

하지만 언젠가부터 카페에서 어딘지 플라스틱한 느낌을 받는다. 인테리어는 여유를 표방한 듯한데 테이블이 놓인 구조며 딱딱한 의자가 어딘지 편안하지 않은 곳을 여럿 보았다. 외국의 유명 바리스타 이름과 갓 로스팅한 커피 등을 내세워 야심차게 오픈하는 곳도 많지만 맛은 좋을지 몰라도 지나치게 이국스러움을 강조한 탓에 친근하게 다가가기 쉽지 않다.

이국적인 멋이라는 게 기실 고목, 느긋한 발걸음, 볕

좋은 테라스 등 특유의 여유가 뭉쳐 만들어내는 것일 텐데, 자동차의 경적이며 불빛 등 대한민국 특유의 가쁜 시간으로 번잡한 곳에서 원산지며 디자이너 체어와 인테리어만으로 그 이국적인 것들을 따라가기는 쉽지 않아 보인다. 어쩌다 마음이 깃든 곳을 발견했다 싶어도 거대 체인점들에 손님들을 뺏기고는 금세 사라져버린다. 사람들도 크게 눈치채지 않는 분위기다. 새로운 곳이 생기면 또 그곳으로 흘러들어가고 또 새로운 곳으로 마음도 몸도 이동하는 게 자연스러운 일이 되어버렸다. 공간을 즐기고 있다기보다 소비하는 느낌이랄까.

그것은 아마도 짧은 카페의 역사 때문인 것 같다. 이제 막 생긴 공간에서 나는 앳됨이랄까. 공간은 무엇보다 사람들이 오래 드나든 흔적이 깃들어야 특유의 시간 냄새가 생기는 법이니까. 반갑게도 주인의 철학이 발휘되고 역사가 깃든 카페들이 조명받고 늘어나는 추세다. 커피에 대한 기호와 취향이 새로운 카페 문화를 만들어가고 있는 것 같다. 그래서일까? 요사이 내가 하는 상상은 유유자적한 산책길에 당도하는 카페에 대한 것이다.

커피를 마시며 책장을 넘기던 이가 습관처럼 주머니

를 뒤져 라이터를 꺼내듯 산책자는 운명처럼 카페로 향한다. 어쩌면 늘씬한 다리를 자랑하는 카페의 테이블과 의자가 궁합이 맞을 수도, 엷은 장밋빛 찻잔과 라떼의 풍성한 거품이 더 근사하게 어울릴 수도 있지만. 도시를 산책하는 사람들에게 카페는 광야의 만나요, 갈라진 홍해다.

카페라는 것, 커피라는 것, 유백색 재떨이며, 빛바랜 나무 의자라는 것은 모두 고독을 달래기 위한 방편들. 이 소소한 것들에는 가을 바람이 전해주지 못하는 생활의 편린과 반복되는 도시의 허기가 담겨 있다. 커피 잔을 들고서 우리는 사심 없이 입을 맞출 수 있으며, 달콤하고 씁쓸한 것을 향해 기꺼이 입을 연다. 아슬아슬한 시간의 재들은 아낌없이 털어낼 수 있고 무겁게 가라앉은 몸의 무게를 재빠르게 내려놓을 수 있다.

거리로 향한 의자에 앉은 이들이 늘 그렇듯, 지하철 안에서 졸음에 잠긴 이들이 늘 그렇듯, 마주하고서 숨을 내뱉듯 대화를 나누는 이들이 그렇듯. 도시를 산책하는 우리들은 언젠가, 기어이, 카페의 문을 열고 들어가 앉는다.

여배우들

눈가에 주름이 번지고, 피부도 예전 같지 않고, 눈의 총기며 몸 상태도 그리 녹록하지 않다. 몸도 그렇지만 마음도 그렇다. 누구나 제 나이듦을 감지하는 때가 있는데 나 역시 서른을 넘기며 자연스레 생기는 몸과 마음의 변화를 직감하고 산다.

사람들로 왁자지껄한 곳은 여간 정이 붙은 곳이 아니면 한 시간도 앉아 있기 힘들고 어쩌다 명동 거리를 나가면 그 인파에 금세 피로해진다. 몸을 움직이고 뛰기보다 천천히 걷고 자주 멈추어 풀이며 꽃 따위를 보는 게 좋다. 물론 얼굴에도 나이 든 티가 나는 것은 당연하다. 그래서 여전히 막내딸로 보고 싶은 어머니나 어린 동생으로만 여겼던 형제들, 간혹 오랜만에 만나는 친구들에게 듣는 소리 또한 바로 그 '예전같지 않음'에 대한 말들이다.

하지만 철없던 십대나 어떤 의미에서 실수를 연발하고 살았던 이십대가 그립지 않다. TV에 아이돌 가수들이 나와도 그들의 형기왕성함에 열광하기는커녕 아예 채널을 돌리기까지 한다. 싫다기보다 흥미가 없는 것이다. 다만 그들이 사람들 앞에서 흔한 말로 섹시한 눈빛이며 포즈 취하는 법을 배우기보다(남녀 모두) 성인이 되기 전까지는 책도 많이 읽고 공부에 맛들이며 내적 성장을 위한 시간을 먼저 가졌으면 좋겠다는 생각을 할 뿐이다. 사실 이런 생각들도 개인적인 성향과 취향의 문제이지만 그래서일까. 나는 외려 멋있게 나이든 사람 얼굴에 삶의 무게가 깃든 사람들에게 더 끌리는 편이다.

영화 〈The Hours〉에서 콧대를 높인 니콜 키드맨이 연기한 버지니아 울프의 고개를 숙인 채 생각에 잠기던 얼굴, 펜을 움직이는 그녀의 손목을 따라 흐르던 열정이 눈부셨고, 외투 주머니에 돌멩이를 넣은 채 강물로 걸어 들어가던 뒷모습과 그 걸음마다 눈에 선하던 긴 양말의 실루엣은 여전히 또렷하다. 아이들을 맡기고 문틈을 메워 가스를 틀었던 실비아 플라스의 시들은 또 어떤가?

나는 그녀가 그랬듯 떨리는 손으로 원고뭉치를 드는

흉내까지 냈다. 캐서린 맨스필드를 광적으로 좋아했다는 어느 수필가는 그녀가 사용했다는 비누를 찾아 온 상점을 뒤지고, 글을 쓸 때는 그녀처럼 접시 위에 꽃잎을 놓아두었다고 하는데, 이 여인들을 흠모한 나 역시 여전히 기꺼운 '취향의 스토커'가 되었음을 고백한다.

그리고 영화 속에서 만난 그녀들, 여배우들의 이야기를 빼놓을 수 없다. 이자벨 위페르와 쥘리엣 비노쉬. 최근 얼마의 시간차를 두고 한국을 방문한 그들은 내가 가장 좋아하는 중년의 배우들이다. 물론 그녀들의 젊은 시절을 기억하고 열광하지 않았던 것은 아니다. 〈나쁜 피〉의 푸른 눈을, 〈피아니스트〉의 빛나는 자의식을 사랑하지 않은 것은 아니다. 하지만 제 세월의 켜를 당당하게 그것도 아주 완숙하게 드러내며 왕성한 활동을 하고 있는 그녀들이 같은 여성으로서 빛나 보였던 적이 한두 번이 아니다.

눈가의 주름이 세월을 비켜나 있지 않고, 자신의 일에 대한 열정은 여전히 현재진행형이며, 과거의 경험에서 날카롭고 풍부한 식견을 건져올린 여배우들. 기자 회견장에서 만난 그녀들은 역시 매력적이었다. 꾸민 것을 내보이는 데 익숙하기보다 앉아서 진지한 얼굴로 대화하려는 자세를 지닌 사람이었다. 그런 마음씨와 자기 관리가 가져온 주름이라면 기꺼이 새기고도 싶었다.

사실 젊은 날 거짓을 배운 사람과 정직하려고 노력한 사람들의 얼굴은 나이가 들면 들통나게 마련이다. 누군가는 자꾸 무엇을 채우고 덧대었지만 허위가 보이고 누구는 자꾸 버리는 것이 습관이 돼 빈약한 듯하지만 진정의 **뼈**대만은 튼튼하다. 나는 그런 '**뼈**'를 탐하는 것이다.

이자벨 위페르는 이렇게 말한 적이 있다. "나는 캐릭터에 대해 연민하지 않으려고 한다. 캐릭터에 감정이입을 하고 이해하려고 할 뿐이다. 만약 캐릭터를 동정하면 나는 그 캐릭터를 이상화하게 된다. 때문에 로맨틱한 캐릭터를 끄집어내는 짓 따위는 하지 않는다"라고.

나이가 들수록 꾀만 늘어 스스로를 연민과 동정이라는 필터로 걸러내기를 반복하는 우리, 저 대담한 여배우조차 시도하지 않는 연기력을 발산하는 나 같은 치들에게 그녀의 말은 역설적으로 다가왔다. 여배우들이라는 수식이 직업을 뜻하는 말이기도 하지만 여자라는 이름의 숱한 역할들을 경험한 사람들이라고 할 때, 어떤 배역의 본령에 임하는 연기자의 자세라는 것이 저렇게 냉정하고 객관적일 수 있다는 사실이 이상한 울림을 주었다. 나 역시 30년 넘게 '나라는 배역'에 길들여진 배우임에도, 내 생에도 분명 가족영화와 청춘물, 로맨틱 무비가 진행되고 있는데도, 정작 내 역할에는 프로다운 노력을 게을리했던 것이다. 보여지는 것에만 열을 올리고 객관성을 잃고 갈팡질팡하기 일쑤에 해피엔딩만을 고집한 것이다.

이자벨 위페르의 말대로 "로맨틱한 캐릭터만 끄집어내는 일"은 어불성설이다. 생이 그리 달달할 리는 없다. 어느 때는 억척스러운 생활인이 돼야 할 때도, 절망에 허우적대다 끝을 볼 때도, 집착과 광기의 순간도 마주해야 한다. 스스로도 용납되지 않는 국면들을 맞이해야 한다. 이렇게 삶의 오르막과 내리막을 내달려봐야 적어도 가짜가 아닌 관록이 붙은 진짜 여배우가 되는 게 아닐까?

택시

여지없이 택시에 몸을 실었다. 마감이라 몸이 눅눅하고 지칠 때면 아침이라도 택시의 유혹을 떨칠 수가 없다. 늦은 출근이라 거리가 한산한 것이 핑계라면 핑계. 사계절, 택시를 자주 타다 보니 익숙한 길, 철마다 다른 풍경들이 또한 반복된다. 택시의 속도 속에서 풍경의 속도를 가늠하는 일은 분명 재미다.

택시의 재미에는 기사들의 취향도 한몫 한다. 어떤 이는 무서운 속도와 난폭 운전에 풍경이고 뭐고 아슬아슬 마음을 졸이게 만들고, 또 어떤 이는 지나간 자신의 호시절을 무용담처럼 들려주는 통에 승차 시간 내내 귀를 기울이며 응대를 해주어야 한다. 그들의 이야기는 대개 열악한 서민 경제에서 시작해서 어떤 정치인을 옹호 또는 비방하는 데로 이어진다.

반면 말 한마디 없는 과묵한 이들도 많다. 차를 탈 때 안녕하세요 하는 인사에도 묵묵부답이고 내릴 때에도 마찬가지, 심지어는 거스름돈을 운전석 옆 콘솔박스 위에 얹어놓은 이들도 있다. 일체의 접촉을 거부하는 것이다. 오랜 세월 택시운전을 하는 데서 오는 피로감으로 오죽하면 저러나 싶기도 하지만 소통 부재의 태도에서 느껴지는 차가움엔 씁쓸해진다.

궁금한 건 물어봐야 하는 성격이라 한 번은 뒷좌석 쪽에 놓아둔 옷에 대해 물어본 적이 있다. 점퍼며 겉옷을 얌전히 개어놓은 것이 자주 눈에 띄었기 때문이다. 대답이 이랬다. 택시는 기본적으로 승객을 위한 공간이라 운전자들의 겉옷을 놓아둘 곳이 딱히 그곳밖에 없다고. 이방인의 짐꾸러미처럼 어색하게 놓여 있는 이유가 있었던 것이다.

마감을 끝낸 새벽 퇴근길에는 이런 일도 있었다. 택시가 빠른 길로 오느라 경부고속도로를 타고 서초 IC로 빠지는 중이었는데, 갑자기 앞에 가던 택시가 급정거를 하는 것이다. 자칫 사고가 날 뻔한 상황이라 기사 아저씨는 앞 차를 세우고 따져 물었다. 머리를 긁적이며 사과를 하는 앞 차의 기사 아저씨는 도로변의 제설함을 보고 승객인 줄 알고 그랬단다. 승객을 보면 차를 세우는 게 본능이라 가끔 전봇대를 보고도, 쓰레기통을 보고도 착각을 해 멈추는 경우가 많다고. 그래서 일어나는 사고도 많다고.

숙연해지는 말이었다. 본능적으로 어떤 행동을 하는 게 어디 택시 기사뿐이랴. 어떤 이는 본능적으로 차를 세우지만 어떤 이는 본능적으로 불에 뛰어들 것이고, 사람을 구할 것이다. 또 누군가는 허리 숙여 인사하고 작은 친절에도 몇 번이고 감사 인사를 하는 것이 본능이겠지만 누군가는 고개를 빳빳이 든 채 친절을 당연한 듯 여기고 하대하는 일이 일상일 것이다.

택시를 탈 때 기분 좋은 것은 아이러니하게도 서로 인사를 주고받고 시작하는 것이다. 비가 세차게 오는 날에 몸 닦으라며 수건 한 장 건네는 분이라도 만나면 정겨운 덤이다. 배가 고파 차 안에서 뭔가를 먹을 때라도 이쪽에서 먼저 양해를 구하면 백이면 백 흔쾌히 그러라고 한다. 말도 없이 냄새나는 음식을 먹는 것보다 서로 편하고 부담 없다. 목적지를 말할 때도 먼저 어느 길로 가냐고 물어오면 서로 불평 없이 쿨하게 택시를 즐길 수 있다. 물론 한적한 도로를 세월아 네월아 달리는 개인택시나

대놓고 승차거부에 카드 사용을 꺼려 하는 이들, 거스름돈 백원이 아까워 목적지에 도착했는데도, 시간을 끌고 미터기를 내리지 않은 채 지체하는 이들을 만나면 불쾌한 것은 당연하다.

어느덧 대중교통보다 자가용과 택시를 이용하는 일이 빈번해진 나이, 택시 뒷좌석에 앉아 야근의 피로를 달래고 바쁜 회의며 미팅 길을 재촉하는 나이. 우연한 합석에도 세상을 읽고 인간적인 미덕을 버리지 않는 법을 알아간다는 것은 어쩌면 택시라서 가능한 경험이다.

엘리베이터에서 지하철에서 버스에서 서로 지친 얼굴로 마주하고 사라지는 시대, 무관심한 스침이 외려 장려되고 피곤한 일이 되지 않는 시대, 택시야말로 세상을 읽는 또 하나의 의자가 아닐까.

도시의 잠언

　　그날 나는 낮에 한 편의 연극을 보았다. 연극을 보러 가는 길에 택시 안에서 기돈 크레머가 연주하는 피아졸라의 탱고를 들었다. 하늘이 머리 위까지 내려온 듯 갑갑한 날씨였다.
　　무작정 찾은 대학로에서 본 연극은 제대로다라는 말이 어울릴 만큼 연기도 극본도 좋았다. 다만 어떤 날들이 자꾸 떠올라 마음이 선득선득해지려 했다. 가까스로 참아내야 하는 그런 종류의 기분이었다. 술자리가 이어졌고, 동행과 헤어진 나는 또 다른 이들을 만났다. 이상하게도 함께 한 사람들마다 어지러운 마음을 드러내는 그런 밤이었고 나는 그들의 마음에 귀를 기울이고, 눈을 맞추느라 시간 가는 줄 몰랐다.
　　서른을 넘기고 직장 생활을 해본 이들이라면 이런 종류의 통증은 한 번쯤 경험해봤을 것이다. 지난 시간이 무색해지고 첫 마음의 열기나 청신함은 얼마쯤 색이 바랬다. 내가 앞으로 넘어야 할 걸어야 할 길보다는 거기 있다는 성공이니 성취감이니 하는 말보다 그 대가로 치러야 할 것들이 먼저 보인다. 내 경우엔 사람을 대하던 순박한 태도라든지, 의심 없이 호의를 받고 감사했던 마음들, 의중이나 태도를 먼저 읽고 젠체하기보다 타인의 영혼을 호기심으로 대했던 때, 사회생활이라는 이름으로 갖게 된 여러 지능적인 태도들이 그렇다. 스스로 치이고 주저앉다 보니 생기게 된 계산적인 마음들이 아쉽다. 노하우라는 것들이 되려 나를 지치게 하고 힘들게 하는 때가 있는 것이다. 지능적이지 못해 자괴감을 반복했던 그때가 차라리 그리울 때가 있다. "우리 괴물이 되진 말자고요"라는 어느 영화 속 대사들이 자꾸 나를 향해 뱉는 말인 양 생각되는 것이다.

  그날 술자리에서 누군가에게 이런 말을 했다. "마음이 바쁘고 그걸 돌볼 시간조차 없는 날들, 그런 날의 연속일 때는 뒷산에라도 올라가보라, 가서 30분만이라도 푸른 것들에 눈을 돌려보라. 사람관계에서 오는 독은 사람으로 풀면 안 된다. 자연으로 풀어야 한다."

  그때 내 입에서 불현듯, 조용히 때를 기다려 터져 나

온 이 말이 예사로 들리지 않았다. 그 말은 분명 내 몸이 들려준 말이었다. 내 안이 밖으로 밀어올린 고마움의 표시였다. 마음을 함부로 굴리지 않고, 시간만 나면 산과 들을 염탐하고 돌아다닌 데 대한, 발품에 대한 답례였던 것이다.

사회의 관계 속에 있다 보면 괜히 낯선 말들이 일어서고 관계에 대한 조급증이 생긴다. 또 동정을 살피느라 분주하고 급기야 수많은 허위의 말에, 사념에 휩싸이고 만다. 결국 불안의 강물 위를 둥둥 떠다니는 섬이 되는 것이다. 그런 일은 누구에게나 왕왕 있다.

내 마음이 사람들 속에서, 결국 나 자신이 만들어놓은 미로에서 길을 잃을 때면 무작정 차를 몰았다. 섬으로도 나가고 남쪽의 강가에도 섰다. 길 위에서 저무는 해를 보고 바람 맞는 나무도 보고 논밭 위를 나는 까마귀도 보았다. 청보리가 술렁이던 자리에 돋아나던 벼꽃도, 자운영 피는 논두렁 너머 키를 올리던 마늘대도 보았다.

그렇게 두루두루 계절을 보면 어느새 맑은 바람이 솔솔 오가는 여유가 생기는 것 같았다. 그렇게라도 일상의 독을 씻어내고 싶었는지도 모른다. 그리고 그 시간의 기록들이 '사람의 독을 푸른 것들로 풀어야 한다'는 '안의 열매'가 되었는지 모른다. 적어도 난 그렇게 믿고 싶다.

결국 안의 상처는 바깥을 응시하고 깊이 있게 들여다보는 시간 속에서 아문다. 안과 밖을 의식하는 것은 아니지만 안의 깊이는 바깥에 대한 사유가 얼마나 풍성하냐에 따라 좌우된다. 또한 그 밖을 더듬는 시선이 안의 돌기며, 눈물 자국을 매만지고 있어야 함은 당연하다. '낙엽지고 새 잎 돋는 들판의 무수한 것들을 보고 있으면 결국 나와 만난다'라는 사람들의 말도 다 이유 있는 성찰의 결과다. 겨울의 침묵 속에 있는 나무 한 그루를 이해하고 싶은 열망은 곧 내 마음자리를 살피는 것이 아닐까? '이해하고 싶다는 것은 잃어버린 무언가를 되찾고자 하는 시도'라는 말에도 가만히 고개를 끄덕이게 된다.

나는 퀭한 눈으로 새벽길을 나섰다. 사람들에게 뱉어낸 말을 주섬주섬 떠올리며 지난날 내가 버렸던 것들을 쓸어 모았다. 미욱하고 앳된 마음들도 함부로 버리지 않겠다고 생각했다. 하나도 버리지 않고 내 안쪽 깊숙이 밀어놓으며 그것들이 발 내려놓을 의자 하나 마련했다.

대면하기 싫은 진실일수록 의자 위에 얹어두었다. 그것들이 있어야 진짜 바깥을 볼 수 있을 거라 생각했다. 그것이야말로 제대로 내 것이라고 인정했다.

내 방으로 돌아와 몸을 누이고 다시 기돈 크레머를 듣고, 연극의 한 토막을 눈앞에 풀어놓고 울음을 흘렸다. 그제야 마음속 덩어리를 풀어보았다. 눈물은 함부로 흘리지 않을 때 선물이 된다. 그 울음 속에서 창문 밖 의자 위에 앉은 내가 참 곱게 보였다. 처음이었다.

소금창고, 연애창고

염전이 있던 곳/나는 마흔 살 (…) 옛날은 가는 게 아니고/이렇게 자꾸 오는 것이었다.
_이문재, 「소금창고」(『제국호텔』, 문학동네)

마음의 비린내로 시간을 죽일 때, 시야를 뿌옇게 가릴 때, 그 비린내를 폴폴 풍기며 바다로 간다. 바다에 가지 않고는 견딜 수 없는 때가 있다. 처음 그곳을 찾았을 때는 한창 연애 중일 때였다. 도시에서 바쁘게 일을 마치고 강화로 향했고 그곳에서 배를 타고 다시 섬으로 들어갔다.

그때 처음 소금창고를 보았다. 하지만 연인들이 연애할 때 마주하는 모든 것에 그러하듯 나 역시 그저 대충, 약간의 호기심을 내보이며 말라버린 염전과 빈 소금창고를 둘러보았다. 폐허의 기미도 텅 빈 시간의 터널도, 외려 풍성한 은유로 가득한 소금창고에서 아무것도 감지하지 못한 것이다.

훗날 누군가를 떠나보내고 마음이 욱욱하던 시절을 지나 과거의 연애가 다시 '잡담거리'로 전락할 즈음, 다시 소금창고를 찾았다. 혼자 만난 그곳은 이전의 담담함으로 지나칠 수 없는 곳이었다. 한참을 서성거리고 주저앉은 후에야 알아차렸다. 혼자서 발길을 돌린 많은 이들이 나처럼 여기 머물렀음을. 그리고 또 느꼈다. 소금창고는 결코 연인이 와서는 안 될 곳이라는 걸. 때로 어떤 곳은 혼자, 제 존재 혼자 마주해야 할 장소가 있다는 것도 알았다.

소금창고를 찾아 떠나는 이는 갈매기의 부리가 낚아채는 시선을 따라 섬에 정박하고, 비린내 나는 손톱에서 양식을 건네받아 모래알 사이를 헤집으며 며칠 걸어야 한다. 미풍에도 짠 맛이 있음을, 비탈길 수은등에서 왕왕거리는 날벌레도 짠 맛에 이끌리는 것을, 몸으로 알아야 한다.

그렇게 해를 보내고 달을 맞아 저 달이 실은 한 바가지의 소금임을 눈치채야 한다. 찢겨나간 달력을 찾아 서성이며 이번엔 구토하듯 눈물을 짜야 한다. '새삼스레, 문득, 이유 없이, 갑자기'가 아니라 작정하고 흘려야 한다. 그리하여 "사랑에 기대는 법 없이/저 혼자 저렇게 낡아갈 수 있는 건/오직 여기 소금창고뿐이네"(송찬호, 「소금창고」, 『고양이가 돌아오는 저녁』, 문학과지성사)라는 말을 새겨야 한다.

소금이 목뼈까지 차오르기를 기다리는 건 늦다. 어리석은 일이다. 지난날은 지난날처럼 다가오고, 옛 노래는 되새김질로 쓴맛뿐이다. 뒤를 돌아 과거를 맞이하는 일은 참담하다. 소금창고의 해진 문 사이로 쏟아지는 햇살처럼 병약하다.

켜켜이 쌓인 눈물 덩어리들. 가슴팍 골진 자리마다 고여 있는 민물 같은 눈물의 근원도 소금이다. 짠맛이 먼저다. 하지만 대개의 경우 짠맛보다 달콤함이 먼저 온다. 달콤함은 밝고 쨍하고 아름다워서 눈물을 동반하기도 하지만 그 방울들은 고이지 않는다. 가슴에 핀 꽃에 아침이슬처럼 머물다 사라진다.

하지만 달콤함 뒤에 오는 눈물은 다르다. 찌를 듯 고이고 고여서 찌른다. 기억을 삭여 곰팡내를 만들고 누구도 모르게 녹물로 흐른다. 머리끝에서 발가락 끝까지 흐르지 않는 곳도 없다. 어느 때는 눈을 벌겋게 만들었다가 발가락을 적셔 걸음을 멈추게 하고, 심장에서 파도 쳐 가슴을 치게 한다. 눈물의 저수지, 그놈의 저수지는 꽉 틀어막아도 1년에 한 번씩, 혹은 그보다 가끔 봇물을 내고야 만다. 목 놓아 울었던 이들, 그들은 기어이 온몸이 소금창고다.

　　　　2005년 10월, 날짜를 멈춘 석모도의 소금창고. 담배꽁초와 소금자루, 아직 깨지지 않은 맥주잔, 문짝을 잘라 만든 천장의 가림막이 있다. 인부들은 사라지고 염전 자리는 붉은 나문재로 무성하다. 이곳에 가끔 소금하곤 인연이 없어 보이는 이들이 외투깃을 올리고 찾아든다. 엉덩이 하나 간신히 앉힐 작은 의자 위에 말없이 앉아 논두렁의 구절초를 세다가 불을 붙인다. 마음의 소금더미에 불을 놓는다. 그러고는 자리 털고 일어난다.

　　　　소금창고의 문은 늘 열려 있고 주저앉은 짠물에 이끌려 옛사람들이 환영처럼 몰려든다.

그림 속 진실과 낭만적 거짓

꽤 오래 전부터 술자리에서 나무 이름을 대곤 했다. 결혼하면 마당에 심을 나무를 선물해달라며 목록을 내밀고, 각서 같은 것을 받아냈다. 어떤 이에게는 앵두나무를 어떤 이에게는 모과나무를 어떤 이에게는 석류나무를 또 어떤 이에게는 무화과를 주문했다.

'그해 열리는 유실수'여야 한다며 재차 다짐하는 내게 사람들은 그랬다. 나무를 심을 만큼의 마당이 있는 집이라면, 돈 많은 이에게 시집가야겠다며 너털웃음을 지어 보였다. 시집가기는 글렀다며 등 두드려주는 이도 있었다. 그래도 나는, 사람들이 농으로 듣고 웃어 넘겨도 집요하게 굴었다. 나이 마흔에 시집을 가더라도, 마당 있는 집에서 살리라 했다.

그래서인지 여행길에 마음에 안기는 집을 보면 가슴

이 동동거린다. 거기 나무처럼 뿌리 내린 의자 한 그루 마주하면 그 집에서의 일상을 머릿속으로 떠올린다. '여기 앉아 빗소리를 듣고 눈 쌓이는 소리도 보고, 볕 좋은 날에 책도 읽고, 누군가를 기다려도 보고……' 하는 일련의 그림들을 차례로 그려본다.

내게 결혼에 대한 풍경은 바로 공간이고 거기서 벌이는 살림이다. 나는 자주 나의 집을 그리고 가꾼다. 대문에서 현관으로 이어지는 거리를 계산하고, 무엇을 심고 기를까 생각한다. 등을 달고 식탁을 들이고, 옷가지를 들여놓는 세세한 그림을 그린다. 가스레인지 위에 강철로 된 커피포트를 올려두고 찬장에는 갖가지 접시들을 쌓아놓자. 욕실에는 초를 켜두고, 어스름에는 어울리는 향을 피워놓아야지. 이런 상상들을 한다.

하지만 자주 하는 생각은 의자에 관한 것이다. 의자를 놓아둘 위치를 결정하고 또 수시로 바꾸기를 즐긴다. 내게 의자는 살림의 방점 같은 것인데, 그것이 주는 쉼이나 편안한 이미지 때문에라도 어느 공간에 의자 하나 놓여 있으면 분위기가 금세 훈훈하게 바뀌기 때문이다.

그래서 대문이랑 현관 옆에도, 뒷마당의 처마 밑에

도, 거실의 한 귀퉁이에도, 옥상 위에도 의자를 놓을 작정이다. 모두들 제 옷에 맞는 혹은 제가 꿈꾸는 사진을 찍어놓고 한 장면 한 장면 연출하듯, 나도 그러는 것이다.

그래서일까? 의자에 앉은 아내의 초상을 그린 화가의 그림들이 예사로 보이지 않는다. 실제 그들의 결혼생활이 어땠는지의 여부보단 그 초상화에서 풍기는 살림과 일상의 흔적이 좋았던 것인데, 남편 앞에서 모델이 되어주고 있는 오후 한때를 상상하는 것이 즐거웠다.

의자에 앉은 아내를 그린 프랑스 인상주의 화가 르동의 작품은 내가 기억하는 가장 아름다운 초상화 중 하나다. 꽃을 그리는 남편을 위해 언제나 야생화를 꺾어놓았을 뿐만 아니라 정원 가득 꽃밭을 일군 여인 카미유,〈노란 숄을 걸치고 있는 르동 부인〉이라는 그녀의 초상은 결혼한 지 22년 되던 해에 그린 것이다.

수줍게 빛나는 노란색 숄과 파란색과 보라색으로 짠 블라우스, 조심스러우면서도 사려 깊은 성품이 느껴지는 눈동자, 단정한 머리 위에 꽂힌 아주 작은 꽃무지. 아내를 만난 순간 운명의 여신을 봤다는 르동의 고백이 그 얼굴 위에 가만히 놓여 있는 것만 같았다.

　　　　남편이 죽은 뒤 이틀 뒤에 임신한 채로 5층 창에서 뛰어내린 모딜리아니의 아내 잔 에뷔테른, 매독의 후유증으로 한쪽 다리를 절단한 채 고통스러워하는 남편에게 피아노 소나타를 연주해주곤 한 마네의 아내 수잔, 자식들과 함께 레지스탕스 활동을 했던 마티스의 아내 아멜리에, 한 번의 찬란한 결혼식 이후 평생을 남성의 여성 편력으로 신음했던 피카소의 아내 올가……

　　　　어쩌면 나는 화가의 아내라는 이름에서 로맨틱한 무엇 혹은 위대한 예술의 탄생을 위해 바쳤던 기꺼운 희생을 읽고 싶었는지도 모른다. 거기서 오고갔던 정겨운 감정들을 내 것인 양 상상하고 싶었는지도. 하지만 결혼에 대한 확신과 '나는 다를거야'라는 희망이 터무니없는 자기연민에서 나온다는 걸 아는 지금 그녀들은 더 이상 낭만적 주체들이 아니다. 그보다는 누군가를 사랑했고, 거기에 자신의 인생을 걸었고, 자기만의 시간을 영위한 '누구나'들로 보인다.

　　　　사랑 그리고 결혼, 그 순간만으로 인생은 채워지지 않는다는 사실을 안다. 어쩌면 그 시간은 훨씬 불우하고, 기쁘고, 절망적이고, 희망을 품고, 화려하고 비참한 순간들로 채워져버릴지도 모른다. 한 폭의 그림에서 삶의 행복만 비춰지지 않듯 나의 나머지 생도 그럴 것이다. 하지만 결혼을 그리는 싱글이든, 결혼한 아내이든, 노년의 영혼이든 내일을 위한 희망은 남아 있게 마련이다.

엘비라 마디간

　　남자는 빵과 와인을 구해왔다. 닭장에서 가져온 달걀 네 개도 내민다. 여자는 남자의 머리에 묻은 깃털을 떼어내며 묻는다. 달걀을 얼마나 익힐까? 남자는 물이 끓고 나서 4분간이라고 답한다. 바구니 안에는 와인 잔 두 개와 빵과 삶은 달걀이 담기고, 남자는 그 아래 살며시 권총을 밀어 넣는다. 여자는 슬퍼하지 말라고 말한다.

　　숲으로 난 두 갈래 길에서 남자는 집주인에게 자신의 이름을 말해준다. 연인은 어깨를 기대며 모래를 밟고, 술래잡기하는 아이들도 만난다. 두 눈을 수건으로 가린 아이가 여자의 치맛자락을 잡자 그녀는 잠시 정신을 잃는다. 두 개의 고목 아래 자리를 편 이들, 남자는 와인을 따르고 여자는 빵에 버터를 바른다. 그렇게 마지막 허기를 채운다.

그들의 눈은 시큰해져오고 코끝은 빨갛지만 눈물을 떨구지는 않는다. 대신 서로의 뺨을 말없이 어루만진다. 여자는 다시 풀밭으로 나서고 흰 나비를 잡는다. 황금빛 머리카락이 빛나고, 회색빛 눈동자가 간신히 반짝인다. 마침내 흰 나비 한 마리가 두 손에 담기고, 입가에 미소를 띤 여자가 손을 편다. 화면은 정지하고 한 발의 총성이 그리고 또 한 발의 총성이 울린다.

보 비더버그 감독의 1967년 영화 〈엘비라 마디간〉의 마지막 장면이다. 1889년 스웨덴에서 있었던 실화를 바탕으로 한 이 영화는 탈영한 기병 장교 식스틴 스패리와 줄 위에서 춤을 추던 서커스 소녀 엘비라 마디간의 사랑이야기다. 하지만 좀 더 사려 깊게 보자면 비극적 사랑이 삶의 찬란함과 어떻게 조우하고 있는지, 그 찬란함 속에서 무엇이 빛나고 무엇이 빛을 잃어버리는지에 관한 이야기다.

처연하게 끝나버리는 이들의 사랑을 지켜볼 때면 언제나 눈가가 젖는다. 어느 때는 연신 눈물을 닦아내야 할 때도 있다. 심장 한구석에서 나지막이 숨 쉬고 있던 무언가가 가슴을 방망이질 할 때도 있다. 사랑의 원형에 대해 귀를 기울이다가도 이내 비극의 원형에 고개를 젓는다. 사랑과 애정과, 신뢰라는 감정을 분간하지 못한 채 길을 잃은 나를 더 이상 보고 싶지 않기 때문일 것이다.

사실 인정받지 못하는 사랑의 종착역이 죽음이어서는 안 된다. 현실을 가늠하고 각자의 삶으로, 쓸쓸하게 추억을 과거로 간직하고 돌아서는 이야기여야 한다. 배고픔과 허기라는 현실적인 물음 앞에 '나의 삶'이 고개를 들어야 하고, '이기'에 눈을 뜬 다음 시간들이 이어져야 하는 것이다.

사랑은 열병이고, 열병은 시간이 잠재우리라는 것, 현실이라는 굴레가 그들을 애초의 일상으로 되돌려놓았어야 옳았다. 저런 식의 죽음은, 나란히 묻힌 무덤은 상상 속에나 상념 속에나 존재했어야 한다. 하지만 이들의 죽음은 실화다. 그렇게 사랑한 이들도 있었던 것이다. 그들의 사랑은 지상에 존재했던 것이다.

영화를 보면서 이슬 묻은 풀섶에 몸을 누이는 그들이 안쓰러웠다. 그들의 마지막 피크닉. 푸른 풀밭 위로 햇살이 넘실거리고, 그들은 존재 자체로 충분히 빛나며 따사로웠지만 보는 내내 그들 사이에 작은 탁자 하나 놓아두고 싶었다. 그 위에 나무 딸기 대신 시장에서 사온 청포도와 상점에서 구입한 치즈,

붉은 와인을 신선하게 따라놓고 싶었다.

그 숲 속에 생의 마지막을 함께할 작은 의자 하나 가져다 놓고 싶었다. 그들 사이에 흰나비와, 작은 날벌레들, 새들의 지저귐 대신에 세상 것 몇 개 곁들이고 싶었다. 좋아하는 책 몇 권을 가져다 놓고, 라디오에서 음악이 흘러나왔으면 했다. 영화 속 대부분의 장면에서 흐르던 모차르트의 피아노 협주곡 21번 2악장. 그 서정의 멜로디가 진짜 그들의 귀에 들렸으면 좋겠다고 생각한다. 어쩌면 그들은 세상으로 뛰어들고 싶었을 것이다. 경멸과 조소의 시선을 견디고 싶었을지도 모른다. 가끔 의자에 앉아 포도주를 따르며 상처를 닦아내고, 새로운 날을 맞았을지도 모를 일이다.

그 젊은 연인들은 고독의 징후를, 백기를 들고 투항해야만 하는 생의 이면을 너무 일찍 알아차린 것만 같다. 함부로 인정을 구하고, 흰 손수건을 휘날리기에 그들은 너무도 고고했다. 그들의 사랑은 너무도 깨끗했다. 지금 나는 그들의 사랑을 무결의 깨끗함으로 포장하고 의자조차 마련하지 않은 마음의 결백을 부러운 듯 힐끔거린다.

사랑의 열병, 그 종착지가 꼭 일상으로 복귀하는 것

만은 아니라고 생각한다. 영화 속 그들이 중얼거린 '그림 속에 있는 것 같다'는 표현대로, 세속의 때가 묻지 않은 진공화된 사랑을 꿈꾸는 것일지도 모른다. 그래야 진짜 사랑이라고 믿는지도 모른다.

하지만 누구나 품는 은밀한 사랑이 꼭 현실의 속내를 풍길 필요는 없지 않은가. 때론 소설 같고 영화 같은 현실이 찾아오기도 하는 게 인생이니까. 누군가는 이렇게 말할 수도 있다. 르누아르가 그려 넣은 전원의 햇살도, 여인의 붉은 볼도, 푸른 풀밭도, 모차르트의 선율도 모두 사후에 입혀진 것이라고.

하지만 나는 그 사후의 풍경마저 일어날 리 없는 비화로 치부하고 외면하고 싶지는 않다. 순정한 사랑의 방문을 기다리는 지금, 겨운 사랑에 목마를 때마다 찾아보는 〈엘비라 마디간〉. 그녀의 이름이 여전히 빛나는 이유가 바로 이것이다.

영웅들

　　　　살아온 세월이 두툼해지니 마음에 품었던 사람들 목록도 적지 않다. 나를 꿈꾸게 했던 이름, 간절히 닮고 싶었던 이름, 가까이 앉아 긴 대화를 나누고 싶은 이름이 적지 않다. 사춘기 때 그것은 춤꾼 홍신자였다가 당시만 해도 드물었던 오지여행가 한비야, 시인 나희덕, 짧은 생을 마감했던 전혜린이었다.

　　　　모두 여인들이었고 그만큼 정서적 거리도 가깝고 친근했다. 그녀들의 문장을 읽으며 나날의 계획을 세우기도 하고 낯선 땅의 풍경을 그리기도 했다. 물론 문학적 뉘앙스, 그걸 알아차릴 수 있는 고독의 본령을 어렴풋이 느끼기도 했다. 일기장이며 노트 구석에는 명상을 해야지, 채식을 해야지, 배낭여행을 떠나는 거야, 매일 조금씩 글을 쓰자, 예술이 융성한 도시에서 얼마간 머물러도 좋을 거야 등의 결심이 적혀 있기도 했다.

헌데 남자들의 경우는 좀 달랐다. 그들의 이름은 단순히 배우고 실천하고 싶은 대상을 넘어서 이상형에 가까운 것이었다. 저런 사람이었으면 좋겠다는 욕망이었다. 드라마나 영화 속 남자들에게 빠져들고 또 그들을 갈망하는 대화를 한 번쯤 해보지 않은 이들은 없을 것이다. 사실 어느 시기 여성들에게 보편적 욕망의 대상이 되었던 남성들은 많다. 단순히 돈 많은 재벌 2세라서가 아니다. 단순하면서도 거친 '남성성'만이 아니다. '몸 좋다'라는 속된 시선만이 아니다. 때론 그들의 연약하고도 섬세한 감성이 모성적 본능을 자극하기도 하고 나쁜 남자의 뻔뻔함 속에서 간직한 사랑에 대한 지고지순한 용기가 마음을 움직이는 것이다. 어떤 면에선 인간에 대한 그들의 예의와 열정이 사랑도 솟게 하고 신뢰도 만든다. 그리고 여자들은 생의 길목마다, 현실의 계산적인 모습들에 지치고 계면쩍을 때, 그들과 함께하는 낭만적 사랑을 꿈꾸고 그린다.

내겐 체 게바라가 그랬다. 쿠바 혁명을 실현시킨 그의 생은 불온한 세상을 뒤집을 수 있다는 믿음을 심어주었고 동시에 '불가능한 꿈을 꾸는 남자'의 환상을 심어주었다. 쿠바의 2인자로

서 누릴 수 있는 부와 명예를 뒤로하고 새로운 혁명을 위해 길 떠날 수 있는 영원한 리얼리스트! 그의 존재는 선잠 든 일상을 흔들어 깨우는 각성제이자, 멋진 남성상의 표본이었다.

구렛나루 가득 번지는 체 게바라의 미소에 반한 이가 어디 나쁜일까? 혁명을 위한 진지에서 파이프를 물고 시를 쓰며 양초를 켜고 책을 읽는 낭만에 시선을 뺏긴 이가 나쁜일까? 낮은 자를 위해 손 내밀 줄 알고 이성이 아닌 감성으로 땀 흘리고 노동하는 그 부드러운 강인함에 이끌린 이가 나쁜이었을까? 어쩌면 그의 삶은 모든 여성들을 위로하는 따뜻한 악수다. 그 인간다움의 미덕 때문에라도 세속의 잣대를 기꺼이 버릴 수 있는 용기를 갖게 한다.

체 게바라뿐만이 아니다. 개인적으로 80년대를 이끈 한쪽의 섬세한 감수성이었다고 생각하는 김광석은 내내 팬으로 남아 콘서트 티켓을 끊고 싶은 남자이고, 송두율과 조국 교수의 행동하는 지성은 함께 책을 읽고 산책을 하고 싶은 조용한 갈망을 불러일으킨다. 장사익은 해질 무렵 논두렁에 앉아 그 구성진 노랫가락을 막걸리 한잔에 휘휘 저어 들으며 기억에 물들고 싶은 목소리를 지녔고, 그의 '찔레꽃'은 여전히 함박꽃처럼 화사하게 날 울고 웃게 한다.

고등학교 시절 어느 공연에서 나도 모르게 악수를 청하고 앳된 증명사진을 건네고야 만 정태춘은 힘들고 지칠 때마다 기꺼이 조언을 청하고 싶은 어른이고, 책 속의 박지원에겐 술잔 부딪치며 독설과 유머를 배우고, 정약용과는 차 한 잔을 나누며 정적의 시간을 즐기고 싶다. 폴 세잔이라면 화실 청소며 정물화 소품을 준비해주는 생활이라도 행복할 것 같고, 루시앙 프로이드Lucian Freud는 같이 버버리코트와 스카프를 고르고 싶은 남자다.

어떤 이와는 순간을 또 어떤 이와는 생활을 또 어떤 이와는 여행을 함께하고 싶다. 감성을 자극하고 기분 좋은 긴장을 심어주고 느긋한 평화를 지겨워하지 않는 이들이라, 아니 그럴 것이라고 믿고 싶기에 욕망한다. 기꺼이 나의 영웅들이라고 부르고 싶다.

눈물의 근육

홍상수 감독은 영화 〈오! 수정〉에서 기억의 차이에 대해 말한다. 같은 시각 남녀가 키스를 하는 사이 테이블 위에선 무엇인가 떨어져 바닥으로 나뒹굴었고 여자는 스푼이 남자는 포크가 떨어진 것이라고 기억한다. 영화에서 기억의 차이는 사소하기도 하고 그렇지 않기도 하다.

포크냐 스푼이냐는 중요해 보이지 않지만 '이런 키스는 처음이에요'와 '키스는 처음이에요'는 그렇지 않다. 자아의 속내가 마음 밖으로 확장된 결과물. 이건 결국 관계의 양상을 자기식으로 변주하는 존재의 나르시시즘이다. 스스로 학습하고 주입한 통속의 세레나데다. 그것이 연애이든 아니든, 사람들은 기억 속을 종횡으로 누비면서 합리화의 달인이 된다. 떠오르는 말에 취하고 단어를 문장으로 늘어놓으며, 지난날을 정리하고 나름의 방식으로 차곡차곡 챙겨넣는다.

홍상수 영화에 줄곧 등장하는 술자리는 이같은 기억의 뒤태를 효과적으로 보여주는 창이다. 한마디로 유의미한 듯 무의미한 말들을 싣고 반복한다. 감정을 부풀리고 순간을 치장하는 떠들썩함이 지금 우리의 모습이고 지나온 자리였다고 말하는 듯하다.

사람들 사이에서 연인 앞에서 사회 속에서 나 역시 기억을 위장해 숱한 고백을 했고, 조언을 뱉어냈다. 기억을 안주 삼아 애처롭고 절망적인 척 연기했고, 용기 있고 신뢰할 만한, 이라는 뉘앙스를 풍겼다. 결국 내가 만든 기억의 거미줄에 걸려 넘어지는 때도 많고 기억으로 조장한 감정들이 외려 나를 발목 잡기도 했다. 때문에 이젠 기억이란 내보이는 것이 아니라 간직하고 음미할 때 훨씬 긍정적인 효과를 발휘한다고도 생각한다.

기억은 불면의 밤을 양산할수록 효과 있는 처방전이라고 말할 수 있다. 그런 순간에야 한때 이유 없는 등돌림으로 읽혔던 것들이 다가와 앞 얼굴을 보여주기도 하고, 이해 불가능한 아버지의 술주정이 생의 노고에 대한 변명이라는 것도 알게 되니 말이다. 그렇기 때문에 기억은 병통이 되어야 처방이 나오고, 쓴약이 되어 앞날을 기약하는 것일지도 모른다.

깊은 기억들. 함부로 꺼내보지 않는 기억일수록 그 멍울은 온전하지 않다. 어디 한 군데 해지지 않는 곳이 없다. 새로 기워 덧댄 흔적도 없지 않다. 시간이 스며들고 오해나 거짓이 끼어든다. 사탕발림도 숨어 있다. 기억이 멍울 속에 박혀 있기에 그 추억은 적잖이 상처 입은 몰골이다. 하지만 찰나의 이미지 속에 빠지지 않고 깃든 것은 바로 빛. 그것이 깊은 자리를 차지하고 있는 이유도, 언젠가 그 빛을 더듬어 찾아내야 하는 이유도 바로 빛 때문이다.

이 빛을 눈물의 근육이라 해도 좋고, 불규칙한 시간의 결이라 해도 좋다. 사실 철봉에 매달려 풍선껌을 부풀리던 시간에도, 낙엽을 밟던 공원의 오후에도, 거울 앞에 선 어머니의 뒷모습에도 빛은 언제나 잠입해 있었다. 그 빛들이 자잘한 추억을 엮고 기억을 만들어 틈마다, 잠결마다 찾아오기도 한다.

하지만 그것들은 그저 옛 풍경이다. 애써 떠올리는 것이 아니라 그냥 흘러가다 이유 없이 떠오르는 것들, 그리하여 지난 풍경을 살찌우는 것들이다. 차라리 잊혀진 것이었으면 하는 아픔들이다. 그 기억의 다발들, 그 어슴푸레한 색깔들, 느껍기만 한 감정들, 손에 잡히지 않아 더더욱 멀어져가는 환상들. 빛의 엷은 장막 안에서 춤추듯 일어서는 먼지, 시간이 흐를수록 두터워지는 더께. 분명한 것은 환영이 되고 더욱 기기묘묘해져 뒤틀리기 전에 그 기억을 불러내 대면해야 한다는 것이다.

  그 의식 같은 일을 치르기 위해 의자만 한 벗이 없다. 새벽만 한 시간도 없다. 계단을 올라 신문을 밀어넣는 소리, 어슴푸레 번져오는 빛의 세기. 의자 앞에는 나무 책상이 있고, 그 옆에는 창문이 있다. 무작정, 아니 작정하고 그렇게 보낸 어느 날. 의자는 밤 사이 쌓여버린 기억을 두 다리 사이로 밀어넣는다. 그러고는 차분하게 무관심한 표정으로 기억의 패를 한 장씩 들어올린다.

외딴 방 독서클럽

한가한 밤을 골라 책상 앞에 앉았다. 여느 때 같으면 턱이나 괴고서 공상에 빠졌겠지만 오늘은 책장과 마주 앉는다. 10년도 더 된 초록색 스탠드의 전원을 누르고, 그도 어두울까봐 촛불 몇 개를 켜두었다. 나만의 방에 앉아 사물들을 곰곰이 헤아려보는 때인 것이다. 둘러보니 방의 두 면이 책으로 싸여 있다. 켜켜이 쌓인 책의 몸들, 저마다 이름표를 달고 있는 그것들이 나를 향해 서 있다.

책들 가운데 있으니 보이는 것이 있다. 서른을 넘기는 동안 곡절마다 길잡이가 되어주었던 좌표가 보이고, 정신의 등뼈를 세워주었던 숱한 문장들이 보인다. 의자에 앉아 헤아릴 수 있는 양식들이 빈곤하지 않은 만큼 순간순간 알차게 살아왔다고도 느낀다. 눈으로 책장을 훑고 있을 뿐인데, 마음은 이미

책을 읽었던 시절, 그 낮과 밤의 기억 위를 떠다닌다. 이 우연한 눈짓, 아니 작정한 시선 앞에서 책들이 움츠린다. 그리고 긴장한다. 두고두고 읽고 쓰다듬어주었던 책들은 의기양양 눈을 빛내고 있고, 나 역시 그것들에 애정 어린 눈길을 보낸다.

　　　몇 페이지 들춰보다 던져두었던 것들은 의기소침하다. 이제나저제나 내가 자신들을 들어올리기를 기다리는 것만 같다. 푸른 생명의 소리를 담고 있는 책들은 싱싱하다. 귀에 대면 맥박 소리 들리고, 책을 펼치면 짙푸른 잎들이 나를 만진다. 한무더기의 소설책들은 언제나 젊다. 역사책들은 귀퉁이가 바랬어도 뼈마디가 튼튼해 보인다. 오래된 과거를 이야기하지만 늘 새로운 교훈으로 무장하곤 하는 녀석들이다.

　　　책상 바로 옆에 즐비한 시집들은 빤질빤질 윤이 나 있다. 틈만 나면 펼치고 아로새겨두던 문장 때문에 파랗고 노란 메모지가 가장 많이 붙어 있다. 학부시절 읽었던 전공서적이나 십대 때 읽었던 책들은 웬일인지 이미 노쇠한 채 수척한 모습이다. 책 사이의 틈과 틈 사이에 눈길 멈추다 보니, 어느새 기억의 마디가 보이고, 내 것이 되지 못하고 빠져나간 말들, 외면한 말들이 버려져 있는 것이 보인다. 그것들 다시 모아 내 몸의 운율로 만들 수 있을까? 굽은 허리를 세우고 바르게 앉는다.

저 책들을 읽을 때 나는 생에 무척 배고팠다. 책을 들어야 진정이 되곤 했던 시절이었다. "인간은 궁핍과 망각 때문에 책들과 계약을 맺고, 그것들은 다시는 되돌아오지 않는 지난 삶에 대한 증인처럼 우리와 결속되어 있다"는 『위험한 책』의 한 구절처럼, 나는 지금 의자에 앉아 내 과거에 증인 서는 책들을 만나는 중이다. 한 해의 끝을 앞두고 그 증인들이 절실해진 것이다. 내 삶에서 뭔가 자꾸 빠져나간다고 느끼는 순간, 영혼이 말라가고 자꾸 비어 있다고 느끼는 순간, 저 책들은 나를 다시 일으켜 세워줄 것이다.

세기 말을 앞두고 읽었던 체 게바라의 평전, 겨울 한가운데서 마음을 맡겼던 『스밀라의 눈에 대한 감각』, 봄 내내 나를 들뜨게 했던 타샤 튜더며, 자연을 대하는 태도를 성찰하게 했던 『월든』, 『오래된 미래』, 니어링 부부의 책 옆에 숲과 나무에 관한 책도 나란하다. 그 옆에 보태고 싶은 책 몇 권도 떠오른다. 최근 읽은 인디언 아이의 추억담은 그 옆에 끼워 넣을 예정이고 『나를 운디드니에 묻어주오』나, 잭 런던의 『야성이 부르는 소리』도 조만간 그 옆자리를 대신할 것이다. 남미의 화가들과 남미를 여행한 예술가들의 책들, 영화 관련 서적들, 사회비평문들, 다시 모은 동화책들, 나라별 혹은 대륙별로 분류된 소설들, 우리말과 글에 대한 책들, 최근 사기 시작한 디자인 관련 책들, 환경과 생태에 관한 책들, 스님들의 이야기, 수도자들의 이야기, 시집들, 사전들, 사진집과 화집들, 아직 읽지 못한 수많은 책과 책들…….

돌아보니 이 책들만으로도 세상의 집을 지을 수 있을 것 같다. 비바람을 견딜 수 있는 집, 창이 깨지면 새로 기울 창도, 문이 기울면 그 문을 다시 밀어올릴 힘도, 담장이 부서지면 벽돌 몇 개쯤은 충분히 비축해둔 그런 집 말이다. 할 수만 있다면 책 속에서 노를 젓고 바다를 건너고 산을 오르고 싶다. 책의 한 페이지 한 페이지, 그러니까 '자음과 모음의 리듬 속에서 쉼 없이 만들어지는 어떤 형상과 선의 유희' 속에, 그 책의 통로에 빠져들고 싶은 것이다.

삭막하고 마른 세상 속에서 숨이 턱턱 막히던 날, 집으로 돌아와 책을 펼쳐드는 이유는 아마 그것이 아닐까?

버스 정류장

　　　　지방에서 학교를 다니던 시절, 한창 인기를 끌던 드라마가 있었다. 〈서울의 달〉이라는 드라마였는데, 어린 내 눈에 낯설게 보였던 것이 바로 마을버스였다. 여주인공이 아침 출근길이면 마을 입구에서 마을버스를 기다리곤 했던 것이다. 동네에서 마을버스를 타고 다시 지하철을 갈아타는 서울 풍경은 그야말로 신선한 충격이었다.

　　　　고등학교 때 여름방학을 틈타 언니가 자취하던 서울에 와서 플라스틱 통에 담긴 생수를 사 먹는 모습을 볼 때도 그랬다. '서울 사람들은 물을 돈 주고 사 먹기도 하는구나' 했다. 지금은 이 모든 게 내 생활에서 자연스러운 일이 되었지만 당시로선 '서울'이라는 이미지에 덧입혀져 도회적인 풍경으로 다가왔다.

요사이 나는 출근시간이면 부랴부랴 마을버스에 오른다. 골목 끝에 있는 집이라 빌라 몇 개를 지나쳐 마을버스가 세워진 정류장 쪽으로 몸을 돌릴 때면 기대한다. 제발 마을버스가 정차해 있기를. 행여 방금 버스가 떠났거나 아직 오지 않았다면 몇 분 기다리는 사이 자꾸 시계를 쳐다보며 발을 동동 구른다.

어떤 때는 다음 정류장으로 향하는 마을버스 뒤꽁무니를 쫓아 부리나케 내리막길을 달리기도 한다. 버스에 올라타서도 정시에 출발한다며 커피를 뽑아 느긋하게 쉬고 있는 기사아저씨를 보면 재촉하듯 자꾸 흘끔거리기도 하고, 사람들로 꽉 찬 무거운 버스 안에서 옆 사람의 담배 냄새나, 귀에 쟁쟁 울리는 수다들, 사람을 더 태우느냐 마느냐로 실랑이를 벌이는 풍경 같은 것에 괜스레 기분이 언짢아지기도 한다. 드라마를 볼 때는 미처 알지 못했던 진짜배기 서울살이를 아침마다 경험하고 있는 것이다.

하지만 출근길이 아닌 날, 한가한 시간의 마을버스는 동네의 정겨움을 드러낸다. 기사 아저씨는 어느 노인에게 건강에 대한 안부를 묻기도 하고 전날 어디어디서 과음을 했다며 연신 음료수를 들이켜기도 한다. 지갑을 가지고 나오지 않았다며 집으로 향하는 아내에게 혀를 끌끌 차며 시장통에서 만나자는 중년의 아저씨도 있고, 아이들을 학교에 보내고 상기된 얼굴로 백화점으로 향하는 아주머니, 무거운 가방을 메고 멍하니 앞좌석에 앉아 있는 아이, 지팡이 짚고서 묵묵히 계단을 내려 허리 한 번 쫙 펴는 백발의 할머니도 있다.

   나는 그 버스에서 흘러나오는 라디오 방송의 눈물 나는 사연도 들었고, 어느 날 들고 탔던 책을 놓고 내린 적도, 그치지 않은 기침을 쿨럭이다가 서둘러 내려버린 적도, 상처 깊게 팬 운전대 위의 손을 보고 아버지를 떠올리기도 했다. 실직한 중년의 회사원이 흰 와이셔츠를 단정히 입고 나와 버스를 모는 사연도 들었고, 일자리를 잡지 못해 마을버스 운전기사가 된, 야구모자 쓴 청년도 보았다. 정거장 옆에 누군가 놓아둔 의자에 앉아 담배 한 대 달게 피워 문, 동네 터줏대감인 슈퍼 주인과 두런두런 이야기 나누는, 그 집 백구 한 마리 쓱쓱 쓰다듬는 몇 분간의 휴식.

   일요일 오후 마을버스 주변의 사람들은 얼른 버스 위로 올라타지 않고 짬짬한 여유를, 심심한 담소들을 즐긴다. 아니, 나눈다. 마을버스를 오르고 내리며 이 척박한 서울에서 모두들 그렇게 살아가고 있는 것이라고 고개를 끄덕인다.

나에겐 마을버스가 더 이상 낯설지 않다. 오랜 동무 같고 진득한 말상대 같다. 세월이 흘러 누군가는 마을을 떠나고 또 들고, 정거장의 이름들은 바뀌고, 동전 소리 대신 카드 찍는 소리가 들리고, 달랑거리던 의자의 손잡이는 사라졌지만, 나의 10년은 마을버스와 함께 시작하고 마을버스와 함께 마감하는 것이 대부분이었다. 모두들 버스에 앉아 '서울의 달'을 서울의 하늘을, 그 아래 비둘기처럼 구구대는 자신들의 생을 비춰보았을 것이다.

둥근 밥상의 행복

마음의 드난살이가 심할 때면 찾아가곤 하는 선생님 댁이 있다. 한때 그곳은 세월리라는 멋진 이름을 단 강가의 어귀에 있었고, 봄이면 벚꽃 잎이 한 움큼씩 떨어지는 도로변에, 지금은 집채만 한 은행나무가 위용을 자랑하는 마당 안에 아담히 자리 잡았다. 도시의 번잡함을 뚫고 그곳에 당도하는 때면 언제나 갑작스런 허기를 느꼈다. 선생님이 차려주신 정성어린 한 끼 식사에는 세속의 밥상에서 느낄 수 없는 따뜻한 온기가 배어 있기 때문일까? 그래서인지 현관문을 열고 가방을 내려놓기가 바쁘게 "배고파요!"를 외치며 식탁 위를 어정거렸다.

지난봄에는 마당에 올라온 여린 민들레를 막 뽑아 냉이와 함께 간장에 버무려 먹었다. 또 어느 날 참기름에 버무린 시금치나물 맛은 내가 맛본 것 중 최고의 맛이었다. 워낙 선생님의 손맛도 손맛이었지만 화단의 금잔화며, 장다리, 백일홍이 함께, 또 진돗개 부부 장군이와 선화, 푸른 논에서 불어오는 신선한 바람이 함께였으니 그곳의 식탁은 정겨운 만찬을 벌이기엔 최상의 장소였던 것이다.

생활의 공간에 자연스럽게 차려진 밥상, 거기 둘러앉은 이들. 고백하건대 양평의 선생님 댁에서 밥을 나누는 기쁨을, 잊은 지 오래인 그 추억을 되찾았다. 같은 수저로 밥 먹는 '식구'들만이 공유했던 기억의 지경이 타인들에게까지 넓어진 것이다.

나는 그 식탁에 둘러앉아 밥을 나누며 나눈 이야기만큼, 꼭 그만큼 자란 것 같다. 둘러앉은 이들이 각자 묻혀온 이야기를 들으며, 선생님의 얼굴에 핀 꽃과 그늘을 가늠하며, 어느 정도는 풍문 속에 진실을 골라낼 줄도 알게 되고 허풍과 위장 뒤에 숨겨놓은 진짜 얼굴도 가릴 줄 알게 되었다. 아직 모자라지만 밥을 나누는 순간 어쩔 수 없이 새나오는 마음의 풍경을 읽어본 깜냥만큼은 생겨난 것이다.

때문에 밥은 나눠야 하는 것이다. 나누면 나눌수록 나누는 시간이 길면 길수록 좋다. 또한 밥은 제대로 먹어야 한다.

물과 햇빛으로 살찌고 바람으로 키 자란, 그렇게 한 계절 '행복하게 성장'한 먹을거리를 입에 넣을수록 그 온전한 내력을 알고 먹을수록 좋다.

소설가 공선옥이 그녀의 음식에 관한 산문집 『행복한 만찬』에서 일러준 말, "찔레꽃 향기도 나지 않고 뻐꾸기 소리도 나지 않는 쌀밥이나 솔김치를 먹는 일은, 지렁이 울음소리 들리지 않는 죽순을 먹는 일은, 허기진 배를 채우는 일종의 단순한 '작업'일 뿐"이라는 말을 믿는다. 덧붙여 한 사람의 내력을 알려면, 영혼의 모양을 알려면 그의 음식을 대하는 태도, 밥상에 대한 앎의 정도를 살펴야 한다고도 생각한다.

밥과 함께 마음이 살찌고, 또 그만큼 타인과의 거리는 가깝게 하는 밥상. 그 둥근 밥상을 회복하는 일은 단순히 과거를 추억하는 것이 아닐 것이다. 어쩌면 그것은 먹거리와 함께 둥글어지는 우리들의 '행복한 성장'을 위해 꼭 필요한 것일지 모른다.

서른의 언어,

의자의 언어

천국의 문

　　　　겨울, 동해. 바닷가 모텔은 그대로였다. 언젠가 그 앞 해수욕장을 지나치며 한 번쯤 묵어도 좋겠다 생각해둔 곳이었다. 겨울이고 해가 기운 지도 한참이라 파도 소리도 적막했다. 주인아주머니는 꾸벅꾸벅 졸고 계셨다.

　　　　거기서 일주일가량 머물렀다. 배가 고프면 간성까지 올라가 편의점을 기웃댔고, 피시방에 들러 업무를 보기도 했다. 근처 식당에서 끼니를 해결하기도 했다. 들고나는 길에 검문이 있던 산골 깊숙한 절도 들렀다. 가위도 눌렸고, TV를 보며 낄낄대기도 했다. 집어등을 보며 새벽잠을 청했고 중간에 들른 친구와 함께 소주잔을 기울이기도 했다. 겨울 바다와 눈 쌓인 진부령 등성이는 좋은 친구가 돼주었다.

　　　　그렇게 일주일을 보내고 짐을 챙겨 나오던 날 눈이 내

렸다. 커피 한 잔 뽑아 마시며 바다에 빠지는 눈을 보았다. 쓰겠다고 작정한, 반도 채우지 못한 소설이 생각났다. 바다 앞에서 자꾸 머뭇거리는 인생이 생각났다. 하늘에서 바다까지, 그 거리만큼 머물다 가는 눈발을 봤다. 잔설이 되지 못하고 풍덩풍덩 투신하는 마음이 생각났다. 그 모습이 부끄러워 얼른 차에 올라탔다. 시간은 그렇게 흘렀다.

  만조가 된 바다는 턱밑에서 출렁이는 것 같았다. 초겨울 바람은 거셌고 그 바람에 뜬모래가 쓸려왔다. 태안의 석갱이. 몇 년이 흘러 다시 겨울바다다. 하늘은 전날의 눈을 아직도 품고 있었고 찌뿌둥했다. 비는 내리지 않는데, 마음은 젖어 철퍼덕거렸다. 어디든 기댈 곳을 찾고 싶은데, 그 마음조차 미워져 두 다리만 노려보았다.

  떠밀려오는 풍경 하나. 두 사내가 풀숲 사이로 난 길을 따라 바다로 향한다. 살 날을 얼마 남겨두지 않은 이들. 누구는 담배를 물고 있고 누구는 술병을 흔든다. 파도가 구릉을 만들고 산을 만든다. '천국의 주제는 하나, 바다'라는 말이 시처럼 퍼지고, 바다가 온몸으로 그 문을 열어 보인다. 눈앞의 천국, 한 사내가 쓰러지고 그 옆의 사내가 모래 위에 앉는다. 나도 그 옆으로 앉는다. 세 사람의 뒷모습 위로 노래가 흐른다. 밥 딜런이 부르고, 에릭 클랩튼도 부르고, 건즈 앤 로지스도 부른 노래가 흘러나온다. 〈Knockin On Heavens Door〉.

토마스 얀이 1997년에 만든 동명의 영화를 처음 본 날, 그즈음의 나는 아무런 방어도 하지 않았다. 젊은 날을 만끽하고 있었고, 서둘러 앞서가는 마음을 불러세우지도 않았다. 상처 난 자리엔 새살도 곧잘 돋았고, 지난날은 초등학교 교과서처럼 까마득했다. 따로 챙겨두지 않아도 매일매일이 차곡차곡 쌓이는 기분이었다. 새살 돋는 일이 생각처럼 되지 않는다는 것, 자꾸 옛 일만 셈하리라는 건 미처 생각하지 못했다.

같이 바다를 찾은 친구는 자신의 이별에 '이혼한 거나 다름없다'는 표현을 썼고, 나는 그녀가 보냈다는 5년의 시간에 대해, 아무도 들여놓지 못했던 '공사 중'인 내 마음에 대해 생각했다. 바다로 향하는 내내 창문 사이로 달려드는 눈을 맞으며 소월의 노래를 들었다. 김소월의 시에 곡을 붙인 노래는 밤의 정적과도 파도의 쓸쓸한 표정과도 잘 어울렸다. 구름 한 장이 보태질 때마다 바다의 색이 달라지고 풀색도 덩달아 옷을 바꿔입었다. 머리카락에 모래가 서걱거리는 것도 아랑곳없이 인적 드문 바닷가를 어슬렁거리는 나와 친구는 흡사 어색하게 바다로 날아든 산새들 같았다.

바다 앞에서 비를 맞고 천국을 떠올릴 줄은 정말이지 몰랐다. 파도가 신발을 젖게 하고, 비가 외투를 젖게 하고 바람이 머리칼을 흔들리라고는. 아무도 입 밖에 내지 않던 일이다. 바다로 난 길을 따라 발길을 옮기는 것에 대해 낭만이라는 두 글자 말고는 덧대준 것이 없었다. 다다를 수 없는 수평과 수직이 보인다. 모랫바닥에 귀를 대고 앞을 보면 그 바다가 나와 평행을 이룬다. 물이 땅으로 보이고 물길이 살 길로도 보인다. 두 발이 물의 표면에 닿는다면 그리하여 내딛을 수 있다면 저 너머에 또 한 세상이 있을 것도 같다. 때로 바다는 천국의 깨달음을 주는 것이다. 두 청년의 끝이 왜 바다였는지, 내가 왜 다시 바다로 왔는지 어렴풋이 알 것 같다.

누구나 지상에서 천국을 꿈꾼다. 다다를 수 없는 것에 한없는 욕심이 일고 온전히 푸르지 않은 것이 못마땅하기도 하다. 하지만 눈앞의 바다는 말하지 않는다. 살아 있다는 뜀박질만 있을 뿐. 거울 내밀고 온 우리만이 의미를 붙이고 저 보고픈 세상을 보고 간다.

나만의 우드스탁

긴 장마로 마음까지 가라앉은 날, 간만에 홍대 클럽 공연에 갔다. 거문고와 해금, 기타 선율로 이루어진 '잠비나이'라는 밴드의 공연은 기대 이상이었다. 한마디로 심상을 자극하는 음악이라고나 할까? 처음엔 전형적인 이미지가 떠올랐다. 국악 하면 떠오르는 영화 〈서편제〉 풍의 사람과 길 풍경이 앞섰다.

하지만 눈을 감고 만난 이미지는 이내 바뀌었다. 거문고를 퉁기는 손은 도시의 골목을 연상시켰고, 해금의 현은 가로등이 휘황한 밤풍경이었다. 기타는 기타대로 사람들의 잰 발걸음이었다. 하나로 모인 음들은 서서히 윤곽을 드러내며 지금 내가 발 딛고 있는 도시의 이미지를 완벽하게 재현했다.

심상의 절정은 난개발의 안타까움을 표현했다는 마

지막 곡 〈나무의 대화〉에서 찾아왔다. 끝도 없는 비가 쏟아지는 날, 아침 출근길에서 보았던 장면이다. 사건사고나 가십거리보다는 엄청난 폭우가 첫인사가 되고 뉴스가 되는 날, 도시인의 오만이 어느 정도 제자리를 잃은 날, 나도 모르게 떠올리곤 하던 그 그림들, 그 또렷한 이미지가 막 완성되고 있는 것이다. 급기야 한 음 한 음 울리던 마지막 소절에서는 마침내 비 긋고 고개를 드는 골목길 작은 꽃들이 환영의 주인공이 되었다. 일제히 정지한 마지막 음을 끝으로 그 짧은 평화도 끝났다.

　　음악 속에 있다 보면 무심코 어떤 세계에 휩싸이는 순간이 있다. 평소 들리지 않던 음들이 귀를 파고들고 어떤 정경이 떠올라 눈앞이 환해지는 경험. 음악이 주는 위로는 이렇듯 부지불식간에 찾아온다. 가사를 음미하며 듣는 경우가 아니더라도 음의 흐름만으로도 가만히 마음으로 와 닿는 때가 있다.

　　내겐 시겨 로스Sigur Ros의 음악이 그랬다. '승리의 장미'라는 뜻의 이 아이슬란드 밴드는 호플란딕(Hopelandic-희망어)이라는 자신들만의 언어로 노래를 부른다. 그들의 음악은 뜻을 지닌 언어가 아닌 순수한 음으로 전하는 소리, 장대한 협곡과 피요르드의 신비, 안개 머금은 초원 등을 눈앞에 펼쳐 보이는 자연의 소리다.

　　　　벌거벗은 이들이 도로를 향해 뛰어가는 라이언 맥긴리Ryan Mcginley 사진에 끌려 구매한 그들의 2008년 음반을 들으며 운전을 하고 있을 때였다. 터널 하나를 지나 막 고속도로로 진입하려던 순간이었는데, 하늘은 산등성이까지 내려와 금방이라도 음울한 빗줄기를 뿜어내려 했고, 도로 위는 평소답지 않게 한산했다. 가까이 산을 흔드는 바람이 보였고, 잿빛 하늘의 울퉁불퉁한 결이 금방이라도 만져질 듯 느껴졌다.

　　　　그때 그 여름날의 풍경 속으로 어떤 소리들이 한꺼번에 몰려나왔다. 그리고 마치 소나기처럼 나를 두드렸다. 이내 야트막한 언덕에서 바다를 향해 내지르는 듯한 보컬 욘시의 목소리가 열린 창밖으로 빠져나가고, 캬르탄의 피아노 소리가 그 뒤를 따랐다. 검은 아스팔트 위를 흐르는 소리의 춤, 거기 후두둑 떨어지는 진짜 빗소리. 완벽히 이해할 순 없지만 가슴으로는 느낄 수 있는 어떤 몸짓들이 도로 위에서, 여름의 복판에서 현현하고 있었다.

　　　　해질녘, 주차장에 앉아 시동을 켜는 순간 피아노 소리만으로 이루어진 어떤 곡을 들으며 이유 없이 새나왔던 눈물,

삼청동의 어느 찻집에서 들었던 첫 앨범 〈Riceboy Sleeps〉를 듣고 눈앞이 설원의 땅으로 화했던 순간도 있었다.

　　　빙하가 녹아내리고 얼음이 흘러가고 허공에 부딪히는 새들의 날갯짓 소리, 오로지 소리에 집중할 수 있었던 몇 안 되는 기억. 그 속에서는 마음의 모든 것이 따라 침묵했다. 누군가는 그들의 음악이 지구의 소리가 아니라고도 하고, 그들의 존재가 신에 대한 감사의 이유라고도 하지만 내게 그들은 소리 본연의 아름다움을 알게 해준 이들, 자연에 귀 기울일 줄 아는 젊은 심장이 만들어낸 신선한 맥박이다.

음예 공간

　　일본 소설가 타니자키 준이치로는 『음예공간 예찬』에서 일본의 전통가옥, 음식, 가부키 등 옛것 속에 내재한 어둠의 미학에 대해 말했다. 처음 '음예'라는 말을 접했을 때 알 듯 말 듯한 말의 뉘앙스에 고개를 갸웃한 적이 있었는데, 풀이하자면 '그늘인 듯한데 그늘도 아니고 그림자인 듯한데 그림자도 아닌 거무스름한 그 무엇'을 뜻한다고 한다. 소설가 윤대녕이 은유적으로 밝힌 바에 따르면 '깊이와 시간 속에 손때가 묻은 그 무엇'을 일컫는 말이기도 하다.

　　건축 전공자들의 필독서이자 동양 미학의 연구서로도 손색없는 이 책을 대학 도서관에서 어렵게 구해 한 줄 한 줄 음미하듯 읽어내려간 적이 있다. 책을 읽으며 작가를 따라 정원에서 풍겨오는 이끼 냄새를 맡고, 석등의 갓을 미끄러져 내려가는 빗소리를 들었다.

물론 어스름한 어둠의 광선을 즐기며 '풍류는 추운 것'이라 일갈하던 작가의 말도 기억하고 있다. 그때 어렴풋이 깨달은 것이 있다면 자연의 색색을 음미하고 듣고 만질 수 있는 감각의 발견이요, 이 모든 것을 어둠을 부려놓은 공간 속에서 만끽할 수 있다는 것이었다.

사람들은 저마다 자신의 음예공간이 있다. 야청빛의 들녘을 걷는 이는 달빛 흐르는 음예의 들에 있기도 하고, 볏단에 등 기대고 목을 축이는 이들은 갈빛의 그늘과 어울린 음예 속에 안겨 있다. 밤나무 아래 목줄 매인 백구는 가지 끝 이파리들이 펼쳐 보이는 음예의 손바닥을 언뜻언뜻 바라보고, 아기들은 엄마 품에서 따뜻한 음예의 온기를 받아먹는다.

음예는 단순한 그늘이 아니다. 음예는 나날이 더해져야 하고, 손 더듬어봐야 하는 깊이가 있어야 한다. 그래서 노인과 노인이 만나 만들어내는 음예는 쓴 세월이 묻어 있고, 오래된 의자들이 만들어내는 것은 소리 없이 고요하다.

의자들도 때론 저들만의 음예에 빠져들 때가 있는데, 어느 바닷가 마을을 걷다가 근사하게 망중한을 즐기는 풍경을 목격한 적이 있다. 아이들은 저희들끼리 어울려 공을 차고, 아낙들은 그물을 매만지고, 사내들은 먼바다로 나가고 없었다.

플라스틱으로 된 의자 하나는 다리 끝이 부러졌는지, 왼쪽 뒷다리를 벽돌 하나에 올려두고 있었고, 철제로 된 등받이가 곱게 휜 하나는 심하게 녹이 슬어 까맣게 보였다. 한눈에도 범상치 않아 보이는 의자들이었다. 닮은 구석은 전혀 없는데 나란히 있는 품이 누구 못지않은 정을 나눈 사이 같았다. 나로서는 도저히 알아들을 수 없는 저희들만의 언어로 속말을 주고받고 있었다. 그 모습이 정겨워 가까이 다가갔지만 내 그림자는 어둠만 짙게 만들 뿐 어울리지 못했다. 어쩐지 망중한을 방해하는 기분이 들기도 했다. 지금은 내가 다가설 때가 아니었다. 멀찍감치 서서 염탐하듯 그네들의 노래를 들었다. 음예공간은 우리들 것만이 아니었다.

나는 가끔 영화 속에서 음예를 만난다. 책 속에서도 만나고 어떤 이의 피아노 소리에서도 만난다. 장률 감독의 영화 〈망종〉에서는 삼륜자전거를 타고 김치를 파는 조선족 여자 순희가 제 집에서 저녁을 맞을 때, 지척에서는 짐 기차 소리가 들리고 멀리 흰 연기 피워올리는 공장 굴뚝이 보이는 집 앞에 앉아 하루를 갈아탈 때, 무심한 시선으로 상실의 무게를 견디고 있는 그 여자가 빚어내는 음예의 덫을 보았다. 고레에다 히로카즈의 초기작 〈환상의 빛〉에서는 남편의 자살을 감내해야 하는 유미코가 한밤중에 깨어나 쪽창 너머의 바다를 응시하는 장면에서는 그리운 음예를 보았다.

기형도의 시 「안개」에서는 집단의 상처로 떠도는 음예를, 문태준의 「그늘의 발달」에서는 '폐렴 같은 구름'이며, '지붕을 덮는 감나무'로 가계에 닥치는 음예를 만났다. 무엇보다 낮은 소리로 웅얼거리는 글렌 굴드의 피아노를 들을 때, 심기증에 걸린 그의 겨울 외투를 생각할 때면 맑고도 흐릿한 음예의 음들을 듣고, 안개 낀 도로 위에서 피아졸라의 탱고를 들을 때면 음예의 속도를 본다.

모두들 저마다의 음예 속에서 말이 없고, 사방에서 발설되는 시간의 초침을 듣는다. 그래서인지 음예는 무언가를 기다리는 시간이고 지금의 나를 견뎌가고 있는 시간이다. 아니, 아무것도 하지 않는 시간이고 아무것도 할 필요가 없는 시간이다.

아무것도 하지 않아도 가만히 고여오는 것이 음예

다. 사물이 풍경이 되고 풍경이 사물을 흡수했을 때 그것이 가능한 공간이 음예공간이다. 내가 나를 버리고 바깥을, 외경을 받아들일 때, 비로소 그럴 수 있을 때 음예 공간은 만들어지는 것이다.

바다

남자는 침대에 누워 있다. 창문은 열려 있고, 밖에는 낮은 구릉이 펼쳐져 있다. 바람이 불고 흰 커튼이 흔들린다. 전신마비로 26년간 침대에 누워 있던 남자가 손가락을 움직인다. 몸을 일으켜 마룻바닥에 두 발을 딛는다. 침대를 미는 소리, 어두운 실내로 들어오는 햇빛, 남자가 긴 호흡을 하며 창문을 향해 달린다.

레코드판에서 들려오는 푸치니의 아리아 〈Nessun dorma〉. 창문을 넘어 비행을 시작하는 남자의 시선을 따라 노래가 울려퍼지고, 나무들은 언덕 위에서 흔들리고, 바람은 머리칼을 건드리며 지나간다. 꿈처럼 흘러가는 눈 아래 풍경들이 이내 하늘과 맞닿고 실구름 걸친 하늘 아래 푸른 바다가 펼쳐진다. 그리고 그 바다 곁에서 해변을 걷는 여인이 보인다. 사랑하는 여인의 등 뒤로 다가가는 남자가 살며시 여인의 어깨를 두드린다.

바다를 떠올리면 알레한드로 아메나바르미Allejandre Amenabar의 〈Sea Inside〉의 한 장면이 떠오른다. 안락사에 관한 영화의 주제는 잊고 그 남자, 라몬의 상상을 되새긴다. 내가 꿈속에서 누렸던 짜릿한 비행을 영화의 장면으로 만날 줄이야. 마치 한 마리의 새처럼 날개를 달고 지상을 유영할 줄이야. 상상처럼 사랑하는 연인을 만날 줄이야.

그 바다는 내가 만난 바다 중 가장 로맨틱한 바다였다. 스페인 영화에서 보여준 바다의 매력은 훌리오 메뎀Julio Medem의 영화 〈루시아〉에서도 마찬가지였다. 달빛 아래 밀려오는 파도 소리, 그 빛나는 주름에 몸을 담가 사랑을 나누는 낯선 남녀의 모습은 바다에 대한, 사랑에 대한 가장 아름다운 밀어였고 역시 꿈에서나 숨겨두었던 환상의 풍경이었다.

바다로 향한 긴 의자. 바다에 앉아 나는 생각한다. 내가 담아놓은 정경들, 바다가 주인공인 음악과 영화를, 숱한 이야기를. 그건 자연스러운 버릇이다. 몰디브의 밤바다에서는 리

차드 하울리Richard Hawley의 〈The Ocean〉을 들었다. 인도양 한가운데, 까맣게 변한 사위를 배경으로 울려퍼지는 그의 목소리는 바다의 심연을 향해 뛰어드는 듯한 목소리. 그간 의식하지 못했던 노랫말까지 선명하게 묻어났다.

무겁게 반복되는 '디 오션'이라는 발음이 그 '대양'의 의미가 사랑하는 이의 깊은 품이라는 은유를 알게 된 것. 까만 어둠 속에서 파도 소리만 끊임없던 날에, 밑도 끝도 없는 그 깊은 품으로 떨어지고 싶어 하는 심장 소리를, 거기 닿지 못하는 쓸쓸한 낙하를 경험했다.

리차드 하울리의 목소리가 밤의 바다에 가깝다면 맑은 해풍과 고운 모랫결을 만날 수 있는 목소리는 하와이의 가수 이즈Israel Kamakawiwo' Ole이다. 아이를 달래듯 작은 우크렐레를 껴안고 퉁기는 그의 연주와 깨끗하면서도 고요함이 깃든 그의 목소리는 한낮의 적요로운 바다와 어울리는 것. 뉴 칼레도니아의 벨벳 같은 산호사 해변에서 들었던 그의 노래 'Somewhere Over the Rainbow'는 바다 앞에서 누리는 행복을 소리로 표현한 것이나 다름없었다. 그 바다에서 들었던 그의 목소리는 코끝을 간질이는 레몬그라스 향처럼 상큼하고도 달았다.

사람들은 누구나 자신만의 바다를 품고 있다. 그것은 숨겨놓은 연애 기억처럼 여여한 파도의 진동이기도 하고, 외롭고 울울한 마음의 풍경이기도 할 것이다. 또 환상의 모험이 펼쳐지는 곳이기도 하고, 게으른 이가 꾸는 대낮의 꿈이기도 할 것이다.

모두들 그 바다 앞에서 들어본 노래가 있고 생각나는 영화의 장면이 있다. 마음의 바다에 잠겨 있는 것들을 하나하나 길어올리며 만끽하는 생의 즐거움, 바다 앞의 의자에서는 모두들 지구라는 행성을 감각하는 진짜 지구인이 된다.

침묵

　　가끔 밥을 혼자 먹고 싶을 때가 있다. 밥자리에서 말을 끌어내고 벌이고 늘어놓는 게 버거울 때가 있다. 사람들이 번잡스럽기보다 말 없는 순간이 그리워 그렇다. 그런 날이면 혼잡한 식사시간이 지나기를 기다렸다 느지막이 자리를 털고 일어선다. 몇 년 전쯤에는 신문 한 뭉치를 들고 나갔는데, 요즘은 구독하는 주간지를 들고 익숙한 밥집, 익숙한 자리에 앉곤 한다. 김치찌개나 백반 한 그릇을 시켜놓고 글을 읽거나 틀어놓은 TV에 눈길을 보내거나 멍하니 문 밖을 바라보거나…… 딱히 말할 필요 없는 침묵 속에서 밥을 먹는다. 밥 자체에, 또 밥을 먹는 공간에 집중할 틈도 생긴다. 허기가 빠져나가는 것도 느껴지고 나라는 사람이 끼니를 해결하는 흔해빠진 방식이 눈에 들어오기도 한다.

조금 거창하게 말해서 이런 순간들을 '침묵이 필요한 때'라고 할 수 있다. 그리고 조금 더 거창하게 말하자면, '침묵' 같은 관념적인 단어를 실감나고, 또 의식하며 빠져드는 것이 나이 드는 것이라고 할 수도 있다. 어린 시절이야 멋모르고 혼자만의 시간을 만끽하곤 했지만 '말 없음'을 지극히 어색하고 불편한 것이라고 배워온 나이에 이르러서는 '침묵'이란 그야말로 작정하고 뱉어내고 실행에 옮기는 단어인 것이다.

솔직히 오래 전 막스 피카르트의 『침묵의 세계』를 읽었을 때는 이해하지 못했다. 나조차도 침묵에 길들여진 때가 아니었다. 다만 어떤 관념을 이토록 풍성하게 나누고 부술 수 있는 사유의 깊이에 감탄했다. "침묵에는 시작도 끝도 없으며, 침묵은 그 자체로 능동적이고 독자적인 완전한 세계"라는 구절을 되뇔 뿐이었다. "봄은 침묵에서 오고, 시는 침묵 위를 비상하며 침묵 위를 선회하고, 아기는 작은 침묵의 언덕이며, 노인의 말은 침묵을 향해 느릿느릿 접근하며, 들판의 암소들은 넓은 등짝 위로 침묵을 싣고 다니며, 자연은 침묵을 담는 그릇"이라는 말에 밑줄을 그어놓았다.

이렇듯 침묵의 사유를 글로만 읽다 만난 영화가 필립

그로닝 감독의 〈위대한 침묵〉이다. 1984년 촬영 허가를 위한 제안서를 제출한 지 19년 만에 화답을 받아 만든 이 영화는 세상에서 가장 금욕적인 수도원인 알프스 중턱의 샤르트뢰즈의 일상을 기록한 다큐멘터리. 러닝타임 162분 동안 오로지 침묵만을 화자로 내세운 한 편의 시다.

영화 속에서 수도사들은 매일 묵상을 하고 회당에 모인다. 그 회당에서조차 그들은 말을 아끼고 빛을 아낀다. 수도원 어디에도 인공의 빛은 없다. 독서대를 앞에 놓고 의자에 깊숙이 몸을 밀어넣고 자신의 차례가 되어야 등을 켠 채 성서를 낭독한다. 나머지는 다시 어둠이다. 밭을 갈다 홀로 하는 식사 시간에는 음식물을 씹는 소리와 새소리만 들린다. 늙고 야윈 수도사의 몸에 연고를 바르는 젊은 수도사도 말이 없다. 그 긴 몸의 대화에 사람의 말은 시도조차 되지 않는다. 오로지 뼈마디가 드러나는 야윈 몸과 골진 주름과 대화를 나눌 뿐이다. 반복되는 하루가 지나고 계절이 흐르는 사이, 언뜻 자연은 변화하는 듯하지만 빗소리는 그치게 마련이고, 데이지 꽃은 햇빛에 몸을 말리고, 눈 덮인 산맥은 이내 맑은 봄바람에 자리를 내준다.

의자를 끄는 소리, 빗자루에 머리카락이 쓸리는 소

리, 독서 등을 켜고 끄는 소리, 작은 식판을 비우는 포크 소리, 기도하기 위해 무릎을 굽히고 펴는 소리들을 들여다보고서야 간신히 가늠하는 사실은 이것이다. 침묵은 모든 것이 멈춘 상태도 아니고, 모든 소리가 숨죽인 상태도 아니라는 것. 침묵은 인간의 말이 멈춘 것이고, 인간이 인간으로서가 아니라 자연 속의 한 존재로 참여한 상태에서 맞이하는 것이다. 인간이 의자가 되고, 담장이 되고, 길 가장자리의 들꽃이 되어서야 들리는 소리, 그것이 침묵이다. 입으로 하는 대화가 아니라 살갗으로, 발 아래 흙으로 하는 대화가 침묵, 우주의 언어인 것이다. 귀로 하는 말, 눈으로 하는 말, 입 밖에 내지 않는 시원의 무늬가 침묵이다. 어느 수도사가 마음속으로 평생 하는 묵상, 그 기도의 꽃들이 침묵이 아닐까.

말이 나를 상하게 하고 말이 어떤 진심을 훼손시킬 때, 아니 이런 부지불식간의 멍들을 느끼지도 못한 채 일상은 흘러가고 관계는 방치된다. 그 의식하지 못한 멍들이 진해질 즈음, 아마 그때쯤 나는 혼자 하는 식사를, 혼자 떠나는 여행을, 바로 침묵을 필요로 하는 것인지도 모른다.

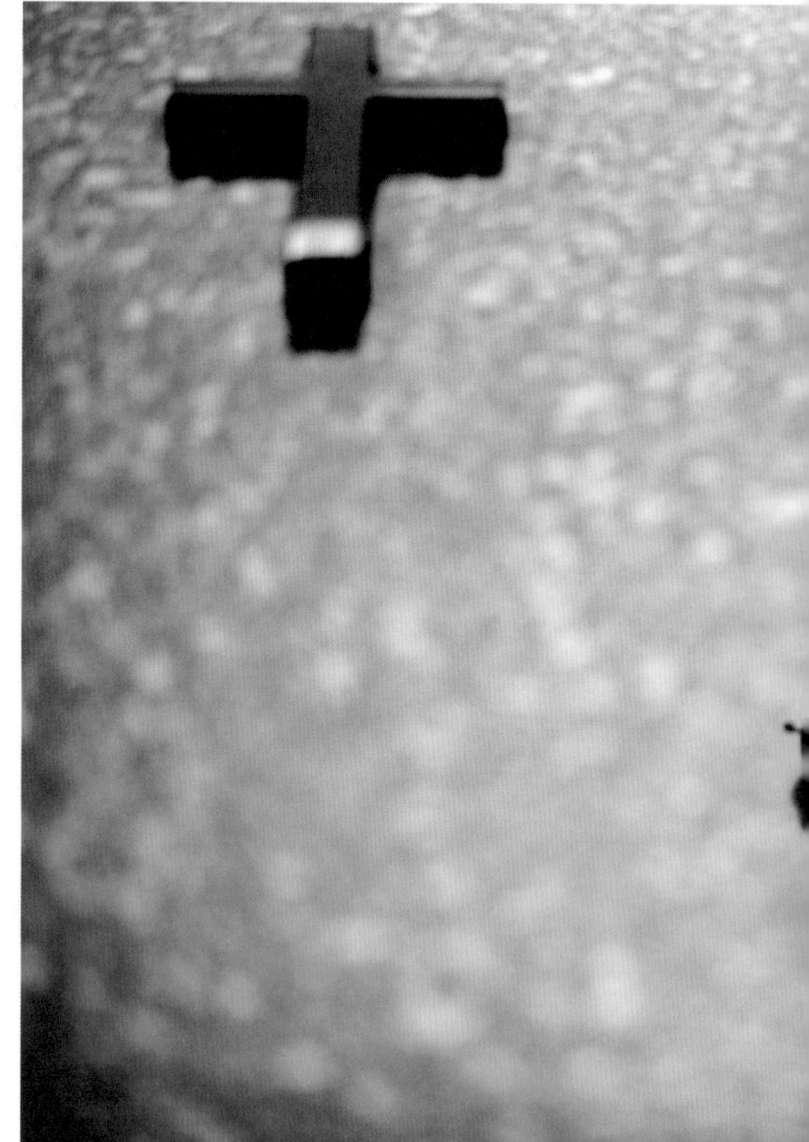

앤디 워홀의 의자 냄새

뉴욕의 거리를 걸을 때면 나는 늘 내 주위에 흘러다니는 냄새를 감지한다. 사무실 빌딩에서 나는 고무 매트 냄새, 영화관의 새로 천갈이를 한 의자에서 나는 냄새, 피자 냄새, 음료수 냄새, 에스프레소 갈릭 오레가노 냄새, 버거 냄새, 면 티셔츠에서 나는 냄새, 이웃 식료품 가게에서 나는 냄새, 우아한 식료품 가게에서 나는 냄새, 핫도그 냄새, 절인 양배추 수레에서 나는 냄새, 철물점 냄새, 문구점 냄새, 수블라키(양고기를 꼬챙이에 꿰어 구운 그리스 요리) 냄새, 던힐·마크 크로스·구치 상점에서 나는 가죽과 깔개 냄새, 길거리 선반에서 나는 무두질한 염소 가죽 냄새, 새 잡지와 헌 잡지에서 나는 냄새, 타자기 상점 냄새, 중국 수입 잡화점에서 나는 냄새(화물선에서 온 곰팡이 냄새). (…) 바나나향 드라이 클렌저 냄새, 아파트 세탁실에서 나는 냄새, 이스트사이드 바 냄새(크림 냄새), 웨스트사이드 바 냄새(땀 냄새), 신문 판매대 냄새, 레코드 가게 냄새, 계절마다 과일 판매대에서 나는 냄새—딸기, 수박, 자두, 복숭아, 키위, 체리, 콩코르드 포도, 탕헤르 오렌지, 파인애플, 사과—그리고 이런 과일들의 향이 나무 상자와 포장 봉지 안에 들어가는 방식을 사랑한다.
_앤디 워홀, 『앤디 워홀의 철학』 중에서

같은 방법으로 나는 의자 냄새를 사랑한다. 마을버스 쌍둥이 의자의 플라스틱 냄새를, 가끔 올라가는 옥상 위 앉은뱅이 의자의 할머니 냄새를, 관악산 기슭에 숨어 있는 나무 벤치의 낙엽 냄새를, 사무실 의자에서 나는 형광등 냄새를, 앉지도 못하는 출근길 지하철 의자의 사람들 외투 냄새를, 눈 내린 날 눈 속에 숨은 의자의 눈 냄새를, 비 오면 젖어버리는 골목길에 버려진 의자의 고양이 냄새를, 엄마가 홀로 앉아 밥 먹는 의자의 외로운 냄새를, 조카들 방에서 앙증맞게 깨어 있는 초록색 의자의 꿈 냄새를, 얼마 전 7번 국도 타고 온 자동차 앞좌석에서 나는 바다 냄새를, 의자 사진들에서 나는 햇빛 냄새를. 길 위에서 지나친 모든 의자에 섞여 있는 낡고 새로운 먼지 냄새를, 나는 좋아한다. 눈여겨본다.

앤디 워홀은 "팝Pop이란 사물들을 좋아하는 것"이라고 했다. 수집광이었던 그의 4층짜리 건물에는 온갖 물건들로 가득했다. 택시 영수증과 610개에 달하는 문서상자, 공예품과 골동품, 옷가지로 가득한 워홀의 팩토리.
팝 아티스트답게 그는 물건을 사랑하고 뉴욕을 사랑

하고 주변의 모든 것을 작품의 대상으로 만들었다. 패션 잡지에 나오는 향수 광고를 볼 때면 흥분된다는 남자, '수 르방' '자보' '아 비앙토' '치간' '포세시옹'……. 향수 이름을 보고 '어떤 향일까' 상상하는 그를 본다.

내 방 역시 소소한 것들로 가득하다. 누르면 빛을 발하는 종이 랜턴, 엘리엇 스미스와 아사노 타다노부Asano Tadanobu의 얼굴이 프린트된 뱃지, 책장 위에 그러모은 음반과 DVD, 거울 속 마를린 먼로, 베를린에서 사온 〈화양연화〉 포스터와 담배 피는 마를렌 디트리히Marlene Dietrich 책갈피, 주사위와 향초들, 튜브만 남은 제비꽃 향 핸드크림과 초록색 머리핀, 책장 속의 책과 거기 끼인 먼지들. 물론 방 안엔 이보다 많은 것들이 동거동락하고 있다.

어스름 방으로 향하는 날엔 밤 그림자가 손 내밀 때까지 불을 켜지 않는다. 사실 나는 좀처럼 형광등을 켜지 않는다. 스탠드부터 켜거나 그것조차 밝다고 느끼는 때엔 촛불 대여섯 개를 켜둔다. 밤거미 질 때 침대에 누워 그것들을 본다. 책들의 이름을 불러보기도 하고, 비 오는 날 거리 속에 있는 제임스 본드에게 말을 걸기도 한다. 벽걸이형 시디 플레이어에서 돌아가는 음반을 본다. 그러다가 양초의 그림자를 비추는 커튼을, 그 사이로 창문에 붙은 반 고흐의 붕대 감은 얼굴을 본다.

      책상에 앉으면 최근의 내가 보인다. 얼마 전부터 듣고 있는 음악이며, 요즘 읽는 책 몇 권, 잠들기 전 벌떡벌떡 일어나 끄적이는 노란 노트, 수시로 뿌려대는 페퍼민트 향수병, 손등에 쿡쿡 덜어내는 버츠비 로션, 카메라에 찍은 여행사진들. 한 계절 내내 다정한 친구가 되어주는 것들이다. 내 방에 깃든 녀석들과 나, 우리는 해넘이 무렵부터 이렇듯 말없는 동거를 시작한다.

      나는 팝 아트가 물건을 찬양하는 방식을 싫어했지만 요사이는 인정하지 않을 수 없다. 모네가 이젤을 들고 나가 빛을 그렸다면, 앤디 워홀은 사물을 그린 것이다. 다를 게 없다. 이상하지 않다. 누구나 저를 둘러싼 세상을 표현한다. 부정하는 이도 있고, 비판적인 비전을 제시하는 사람도 있다.

      그만큼 또 어떤 이는 자기 세상에 대해 솔직한 것이다. 있는 걸 있다고 말하는 것이다. 적어도 그 점은 존중한다. 돈을 더 많이 낸다고 해서 더 값비싼 코카콜라를 먹을 수 없다는 그의 코카콜라 예찬론에 고개를 끄덕인다. 그래서 나도 인정하기로 했다. 솔직해지기로 했다.

　　　　사실 나는 남모르게 내 방을, 나와 함께 아침을 맞고 한밤중에 깨어 있는 모든 것들을 좋아하고 있었다. 함께 있어주어 고맙다고 했었다.

뒷모습

　의자에 관한 글을 쓰겠다고 생각하니 세상 모든 것이 의자로 보이기도 하고 안 보이던 의자의 모습이 눈에 띄기도 한다. 그중 새로운 발견이라고 할 만한 것은 바로 의자의 뒷모습이었다. 마침 미셸 투르니에의 『뒷모습』을 읽던 중이어서 그런지 늘 보고 지나치기만 하던 의자의 뒤태가 새삼 말을 걸어왔다.

　의자의 뒷모습은 고요하다. 혼자만의 사색에 잠겨 있는 것 같다. 바다 앞에, 나무 아래, 너른 호수를 앞에 두고 앉은 의자. 네 개의 다리는 단단히 땅을 딛고 있으며, 등받이는 허리를 세우고 가슴을 편 채로 자연의 공기를 받아들이고 있다. 그것은 세상길 쑥쑥 나아가다가 잠시 쉬어가는 사람들의 모양새를 닮기도 했다. 땀을 닦고 신발에 묻은 흙을 털어내고 머리의 빗물을 말리면서 시간을 내려놓는 여유가 배어 있기 때문이다.

그것은 또한 계속 나아가기보다 잠시 멈춰야 한다는 정직함의 발로다. 마음 가는 대로 내딛고, 수시로 시계를 쳐다보는 일상에서 오는 초조함을, 어떤 강박증을 내말리는 행위다. '여기 잠시 앉았다 가자'는 의자를 발견한 사람들만이 내뱉는 말. 목표물만 쳐다보다 지나치는 사람들은 할 수 없는 말이다. 그래서 멈춰 있는 의자의 뒷모습에서 발견하는 것은 생의 노곤함을 펼쳐놓은 마음의 결이다.

뒷모습의 정직함에 대한 이야기는 많다. 그것은 눈 끝을 올리고 입술을 당겨 감정을 위장할 수 있는 곳이 아니다. 그것은 마음을 꾸미는 곳이 아니라 그저 존재하는 곳이다. 기쁜 대로, 슬픈 대로, 힘겨운 대로, 자신만만한 대로, 있는 그대로 존재하는 곳이 바로 뒷모습이다.

에두아르 부바의 사진에 미셸 투르니에가 글을 붙인 『뒷모습』에는 다양한 뒷모습이 등장한다. 온몸에 낙엽을 붙이고서 뤽상부르그 공원에 정지한 소녀, 야윈 소의 등뼈와 똑같은 모습으로 쟁기질하고 있는 인도의 농부, 바닷가에 앉아 그림을 그리는 여자, 부두에 적당한 거리를 둔 채 서 있는 연인, 튀튀를 입은 발레리나, '등으로 연기하는 배우' 어릿광대, 물뿌리개를 들고 가는 정원사, 회양목 가지를 옆구리에 끼고 걷는 노인, 아기 업은 이, 어깨동무한 이, 꼭 껴안은 이…….

사진 속 뒷모습의 주인공들은 모두들 골똘하게 제 삶에 정지해 있으며, 그 모습으로 생의 단면을 말해준다. 사진과 글귀 속에서 사람들은 가지런히 빗어내린 머리카락과 말없이 대화를 나누는 법을 발견한다. 또 서로의 허리를 껴안은 어린 아이의 우정을 뒤돌아보기도 한다. 땅바닥에 떨어뜨린 젊은 날을 주우며 걸어가는 할머니의 굽은 등에 나를 겹쳐보기도 하고, 서로의 등 뒤로 손을 마주잡은 연인들의 온기를 나눠 받기도 한다. 너른 등을 내보인 그들에게서 위로받고, 나 또한 너그러운 등을 지녀야겠다는 다짐도 하게 된다.

뒷모습으로 진실을 말할 수 있는 법, 그 진실이 따뜻하고 소박한 것이기를 바라본다. 의자의 그것처럼, 누구나 다가가 앉을 수 있는, 거기 앉아 내려앉은 햇살과 잠시 놀고 갈 수 있는 그런 뒷모습을 염원한다.

의자의 향기

어느 해 오월, 친구들과 지리산 백장암을 찾은 적이 있다. 국보급 석탑과 보물로 등재된 석등이 있는 이곳에서 뉘엿뉘엿 해가 질 즈음 차 한 잔 하러 오라는 전갈을 받았다. 살랑이는 댓잎 소리, 감미로운 바람을 따라 올라간 곳에는 스님 한 분이 기거하는 집 한 채가 있었다. 댓돌에 신발을 벗어놓고 방문을 여니 뜨겁게 데워진 찻주전자가 먼저 반기고, 광목으로 만든 다포 위에 얌전히 놓인 다기들이 눈에 들어왔다. 첫물에 땄다는 초록의 차향기, 스님과 도란도란 나누는 이야기 속에 찻잔은 비워지고 또 그윽이 채워지기를 반복했다.

천천히 차를 여민 후 스님은 한쪽 벽에 기대어 있던 가야금을 무릎 위에 놓으셨다. 긴 시간 무슨 이야기를 나누었는지, 스님이 들려주던 곡조가 무엇이었는지는 기억이 가물하지만 순정해 보이던 차의 향만은 기억한다. 마음의 음율, 심금心琴을 울려 기어이 눈물 한 방울 떨구게 했던 가야금 소리와 함께.

지리산 해넘이의 풍경 속에 조용히 녹아들었던 그 시간, 어렴풋이 알아차린 것이 있다면 차를 나누는 정겨움과 아름다움에 관한 믿음이다. 떠올려보니 섬진강변의 산동마을, 비탈에 자리 잡은 어느 시인 집에서도 소박한 차 한 잔 대접받은 적이 있다. 그 시인은 객을 잊었을지 몰라도 지나는 손은 그 단출한 환대를 가슴에 잘 챙겨두었다. 그리고 이따금씩 꺼내본다. 부려놓은 책더미와 어둑한 부엌의 빛, 마당의 노오란 민들레 꽃다지를 떠올리며.

매월당 김시습은 자신의 시에 이런 구절을 펼쳐놓기도 했다.

멀리 떨어진 고향 노래에 마음 쓸쓸해지는데/고불古佛 산꽃은 적막감을 달래주네/무쇠 주전자에 차 끓여 나그네를 대접하려/질화로에 부지펴 향을 사르도다

그의 표현대로 손을 맞이하는 정성에 차만 한 것이 없다. 세상사 쓸쓸함을 매만지는 데도 역시 그만 한 것이 없다. '삶의 시름을 잊기 위해 차를 마신다'던 옛사람의 말에 비추건

데 차를 마시는 이들은 삶의 겨움을 조금은 덜어낼 방법을 찾은 것이 아닐까?

오래된 의자에는 차의 품격이 있다. 갈라진 틈에는 차향이 배어 있고 칠이 벗겨진 자리에는 세상 그림자가 깊게 들어앉았다. 그윽하고 옛스러운 것을 이르는 말이 아니다. 방문을 열고 들어서는 모든 이를 기껍게 맞아들이고, 그 기꺼움에 물을 끓이고 차를 집어넣어 보태는 정성이 바로 차의 품격이다.

내 스산한 마음을 단련해주던 차 한 잔, 내가 올려보며 마음을 문질렀던 하늘 위 둥근 달, 내 눈동자에 비친 별무릇, 이 모든 것을 헤아릴 수 있는 시간과 자리를 빌려주는 것. 내 마음 따뜻하게 데웠으니, 이제 당신 차례라는 온정의 마음이 차의 품격이다. 그 차를 받들고 향과 맛을 음미하는 이들은 누구나 의자 위에 앉은 것이다.

새 의자는 그렇다. 그럴싸한 외양을 자랑하지만 또 그만큼 풋것의 냄새가 난다. 아직 시간에 길들지 않아 **뻑뻑하고** 꼿꼿하다. 겨울 찬바람이나 여름 볕을 잘 견디지 못한다. 그 등쌀에 묵묵히 혼자 있어본 시간이 적다.

하지만 나이 들어 세상살이 좀 해봤다는 의자는 다르

다. 그것은 한두 번 버려져도 보고, 길바닥에 나앉아 풍진에 길들기도 해봤다. 그러다가 나그네의 품도 돼주고, 울음 복받친 이의 말상대도 해주었다. 골목길 외등이며, 쓰레기더미, 들고양이, 바람에 날린 전단지의 그림자에 물들어도 보고, 눈비에는 익숙해질 대로 익숙해졌다. 그렇게 팔다리가 휘고, 세파의 흔적이 고스란히 휘갈겨진 의자. 그러다가 이제는 어느 외진 자리에 네 다리를 뿌리처럼 박아둔 의자. 그 숙명의 끝자락에 다다른 의자는 비로소 차의 품격을 갖춘 것이다.

비록 서럽도록 외롭고 쓸쓸할 테지만 그 의자가 지닌 멋은 쉽사리 흉내내지 못한다. 그렇게 떠도는 것을 멈추고 정주한 의자는 함부로 끌어내지 못한다. 다만 슬며시 앉아볼 뿐, 다만 슬며시 바라볼 뿐, 은은한 의자 향을 맡아볼 뿐이다. 무릇 시간의 옹이가 박힌 것들은 저마다 차향이 난다.

기도하는 의자

성당. 기도하는 의자가 많은 곳. 파이프 오르간 소리의 장중함, 벽을 타고 흐르는 수많은 찬양의 노래, 혹은 감사의 노래, 종이 울리고 십자가에 햇살이 드는 곳이다. 스무 살 즈음, 나는 새벽공기를 가르며 성당으로 향했다. 신문을 배달하고 땀 흐르던 몸을 씻은 뒤였다. 가서 복사단 옷을 입고 신부님 옆에 섰다. 두 손을 모으고 무릎을 꿇었고 기도에 맞춰 징을 울렸다.

어느 때는 '십자가의 길'을 외기도 했고, 또 어느 때는 묵주알을 굴리며 긴 기도를 했다. 사람들과 모여 성서구절을 나누었으며, 같이 노래도 하고 율동도 했다. 뜨거운 여름에는 교외로 나가 아이들을 인솔하기도 했고, 그들과 함께 촛불을 들고 모닥불 앞에 모이기도 했다.

그즈음의 내게 친구가 물었다. 너는 왜 성당에 나가느냐고. 나는 내가 본 이 중 예수님이 가장 매력적이기 때문이라고 대답했다. 나는 그분보다 더 약한 이들을 위하고, 이방인에 대한 편견이 없으며, 겸손하고, 따뜻하고, 낮은 곳에서 행복한 사람을 본 적이 없다고. 내게 그분은 완벽한 인간이며 또 가장 아름다운 신이라고.

돌이켜보면 무엇이든 열심인 시절이었다. 마음이 허해 자꾸 무언가를 채우고 싶던, 그렇게 살아야만 했던 시절이었다. 지금도 마찬가지지만 세상에 대해 뭘 좀 안다고 떠들지 못하던 시절이니, 그 세상이 어떤 것인지 열심히 봐두고 알아둬야 하는 때였던 것 같다. 말하자면 열심히 구르던 시절, 굴러서 때도 묻히고, 꽃잎도 묻히고, 얼룩이며 상처도 만들면서 말이다.

어느 틈에 나는 일요일에 잠 보태기 바쁘고 이곳저곳 나다닐 계획에 분주하다. 지난 세월의 더미에 수북한 것 중 하나였던 신앙생활은 이미 과거가 되어버린 것이다. 그 이유에 대해서는 달리 할말이 없다. 뼈아픈 자기반성을 하지도 못했고 뻔뻔한 영혼이 아직 융숭하지도 못하다. 그래서 여행 중 성당에 들러 짧은 기도를 하기도 하고, 절집의 약수 한 잔 들이켜며 잠시 불상 앞에 앉아 있기도 한다.

어느 시인은 기도하는 법에 관해 '이렇게 저렇게 해주세요' 하다 보니 자신이 과연 요구만 할 자격이 있느냐 생각하게 되고, 조건을 걸고 맹세하다 보니 기도가 무슨 흥정 같아지더라고, 그러다 보니 기도가 넓어질 수밖에 없었고, 나 하나만 내 피붙이만 잘되는 게 이상한 일이라 종내에는 기도하지 못했다고 했다.

기도하는 법에 관한 그의 고민을 읽고서 나 역시 한참을 생각했다. 그간의 내 기도에 대해, 나에 대해서는 절실해지고, 세상에 대해서는 의무 같았던 기도에 대해. 연거푸 몸을 흔들고 말을 외며 스스로를 어떤 사념에 몰아가던 모습에 대해. 결국 스스로의 욕심에 체하고 멀미 날 지경에 이르러 기도하지 못하게 된 순간에 대해 생각했다.

이즈음의 나는 또 다른 기도를 생각한다. 스스로를 향해 깊숙하게 들어가는 기도의 몸짓에 대해 생각한다. 현란하고 무조건적이고 어떤 면에서는 배타적인 말이 아니라 간절한 침묵을 뭉쳐 내 안으로 던지는 기도, 자신의 나약함을 보듬고, 그 미욱한 몸과 마음으로나마 지상의 생명을 떠올려보는 기도,

무엇보다 자신을 비켜가고 끊임없이 밖을 향해 염원해보는 기도. 그 기도를 숭고하다 말하고 싶고, 나 역시 그렇게 기도하는 자이고 싶다.

    친구는 이런 말을 들려주었다. 어린 시절 빵을 쪼개면서 더 큰 쪽을 자신에게 건네는 동무를 보며 나 역시 큰 쪽을 나눠주는 사람이 되어야겠다 다짐했다고. 녀석의 그 다짐이 기도라고도 생각해본다. 그런 착한 다짐들이 기도로 꽃피우길 또한 바란다. 사람들의 온기가 맺혀 반들거리는 이 기도하는 의자 위에서.

사막의 얼굴

낙타를 타고 가리라, 저승길은
별과 달과 해와
모래밖에 본 일이 없는 낙타를 타고.
세상사 물으면 짐짓, 아무것도 못 본 체
손 저어 대답하면서,
슬픔도 아픔도 까맣게 잊었다는 듯.
누군가 있어 다시 세상에 나가란다면
낙타가 되어 가겠다 대답하리라.
별과 달과 해와
모래만 보고 살다가,
돌아올 때는 세상에서 가장
어리석은 사람 하나 등에 업고 오겠노라고.
무슨 재미로 세상을 살았는지도 모르는
가장 가엾은 사람 하나 골라
길동무 되어서.
_신경림, 「낙타」(『낙타』, 창작과 비평사)

선생님은 새로 펴낸 시집 안쪽에 이름 석 자를 지긋이 눌러주셨다. 첫 시 「낙타」를 읽었다. 사막이 펼쳐졌고 사구를 휩쓰는 바람이 보였다. 그 길 위를 걸어가는 한 마리 짐승. 별과 달과 해, 모래만 보고 살다 간 눈은 둥근 만월이었다가 빛나는 별이었고, 모래의 빛깔을 닮았다. 타박타박, 뚜벅뚜벅, 지중지중, 굼적굼적, 어정어정거리는 짐승의 다리, 볼은 여위었고, 털은 꺼슬꺼슬, 푸시시하다. 길고 너른 수평의 길 위에서 낙타는 하루를 영원처럼 살았다. 그 영원의 허리춤에서 저승길을 가고자 하는 사내. 그는 저 세상의 길동무로 낙타를 택했고, 낙타의 혹이야말로 평온한 안식의 자리라고 여기는 듯했다. 그리고는 이내 말한다. 혹여 세상 길 다시 나온다면 낙타 되어 나가겠노라고. 가엾은 사람 하나 골라 길동무 하겠노라고. 선생님의 손마디처럼, 푸른 눈처럼 느껍고도 아린 글귀다. 사막처럼 차가운 세상을 사막처럼 뜨겁게 견디는 시다.

'낙타'를 건네주신 선생님처럼 내게는 나이 지긋한 친구가 많다. 시인이며 소설가 화가라는 직함으로 한 시절 살아온 이들이다. 워낙 버릇을 챙기지 못하고 나이 막론한 채 친구 먹기를 좋아하는 성격이라 내 쪽에서 먼저 허물없고 격 없는 사이다.

마음이 따가웠던 날, 대화에 끼지도 않은 채 말없던 내게 불편함을 내색하기보다 유머를 건네며 다독이는 분들이라, 저절로 마음이 풀어져 인사동 거리를 손잡고 흔들며 거닐기도 했다. 밤새워 세상 얘기 사는 얘기를 풀어놓기도 했다. 영혼 묵직한 어른들인지라 하나둘 경청한 이야기가 지혜로 와 닿기도 하고 공으로 듣는 역사 공부 사람 공부가 되기도 했다. 그래서 그분들과 함께 있으면 옛 사람들이 왜 스승을 가까이 두고 배웠는지, 퇴계와 고봉의 편지가, 다산과 초의 선사의 차로 나눈 교분이 왜 향기로운지를 짐작하게 된다.

생의 모색으로 걸어 들어가는 낙타와 그 위에 올라탄 길동무의 풍경, 저 시가 내겐 꼭 그렇다. 봉긋이 솟은 낙타의 등뼈가 거기 담긴 생의 곡절과 무게가 내 동무들과 닮았다. 또래 친구들에게는 얻을 수 없는 무엇이 넉넉히 담겨 있어 안식이 되고 위로가 된다.

세상길이 곧 사막이다. 그 어귀마다 짐부리고 있는 이들이 곧 너고 나다. 태양 볕은 따갑고 모래폭풍이 등짝을 때린다. 그 나날 속에서 배우는 것은 굽고 둥근 마음. 모래 알갱이 하나 둥글지 않은 것 없고, 세파에 꺾여 단단해지지 않은 것은 없다.

생명은 둥글게 태어나 몸을 펴고 가까스로 걸음마를 배운다. 걸음마를 배운 아이는 넘어지고 일어서는 게 일이다. 넘어질 때마다 울음을 흘리고 일어설 때마다 흙을 털어낸다. 넘어져도 울지 않게 되는 때, 마음은 밖으로 향하고 넘어지면 주위를 둘러본다. 손잡아줄 이를 찾고 같이, 함께 일어설 이를 호명한다.

하지만 키가 한 뼘씩 자라고 그 키가 다시 낮아질 때, 넘어지는 것이 예삿일이고 아무렇지 않게 될 때, 사막 길은 어차피 넘어지는 나날이라며 혼잣말 할 때, 세상은 다시 혼자다. 길 위에는 무수한 이들이 있지만 모래바람에 눈 씻고 둘러보면 아무도 없다. 도시의 마천루도 집으로 들어가는 골목도, 문패 달린 대문도 보이지 않는다. 모두 사막에 잠겨 있다. 그것이 존재의 방식인 체한다. 손을 더럽히고 마음을 더럽히며 앞뒤 보지 않고 쌓아올린 사랑이라는 것도, 언약이라는 것도, 이름 석 자도 안개 속에서 오리무중, 내 것이라고 그러모은 모든 것이 모래성처럼 무너지는 걸 보고야 만다.

그즈음 모랫바닥에서 한 걸음도 나가지 못하는 때에

사람들은 밤의 의미를 알아차린다. 그들은 밤 속에서 두 눈을 반짝인다. 낙타와 함께 별에 눈 맞추고 바람에 수인사한다. 기꺼이 모래로도 이불을 삼는다. 달빛으로 노래를 짓고 영혼을 섞어 이야기를 만든다. 낙타 의자는 그 불면의 밤들이 빚어낸 이야기, 영혼의 눈을 단 밤의 연금술은 그렇게 시작한다.

그늘의 발달

　　어느 여름, 휴가 길에 챙겨간 『나무의 죽음』이라는 책의 서문은 이렇게 시작한다. "죽음은 생명이 끝난 것이지 관계가 끝나는 것은 아니다. 죽음에 대한 두려움은 잊히는 것에 대한 두려움이다. 친밀한 사랑의 감정을 기억하는 한 잊히지 않는 죽음을 죽을 수 있다."

　　책에서 말한 나무의 죽음은 삶의 또 다른 반쪽이다. 장수하늘소는 적당히 썩어가는 굵은 줄기에 산란을 하고, 딱따구리는 나무에 구멍을 뚫어 애벌레를 사냥한다. 상처 입은 나무의 수액은 목마른 곤충들이 모여드는 잔칫상이고, 물기가 흘러내리는 수피에는 이끼가 자라며, 이끼의 이불 속에 고사리가 뿌리를 내린다. 족제비는 저항할 힘을 잃고 땅에 쓰러진 나무의 파인 구멍에 몸을 숨기고, 나무의 부스러기는 온갖 미생물에 의해

양분으로 화한다. 그 양분더미에서 어린 나무가 자라난다.

    결국 숲의 바닥에 묻힌 나무의 잔해는 새로운 생명이 잉태되는 숲의 자궁이 된다. 영혼이 먼 길 떠난 육신을 비와 바람에 맡기는 풍장, 새들의 먹이로 온전히 바쳐지는 조장처럼 그것은 다음 생명을 위한 잉여분, 삶이라는 노동의 대가인 것이다.

    사진작가 최광호는 젊은 시절 일찌감치 외할머니의 죽음을 사진으로 남겼다. 살아가면서 느끼는 자연스러움에 감동을 느낀다는 그에겐 할머니의 죽음도 마찬가지였다. 막 목욕을 시켜드린 할머니가 벗은 몸으로 요강에 쉬하는 장면을 찍은 그는 할머니의 아름다움과 여자다움에 반해 그랬다고 했다.

    할머니의 깊게 팬 주름과 밥공기를 받아든 손과, 목단꽃 훤히 켜진 요강 앞의 굽은 발을 담아낸 그는 그 몸에서 자신이 나고, 그 몸을 바라보는 것이야말로 제 몸을 보는 것임을 알아차렸다. 할머니를 따라 흰 고무신과 호박꽃을 좋아하게 된 그는 등에 난 욕창에 몸을 뒤척이고, 뼈만 앙상하게 남은 할머니의 몸을 오랜 시간 봐왔고, '죽어감'을 응시했다. 한 생명이 빠져나간 얼굴에서 그간의 삶을 보았고 앞으로의 시간을 헤아렸다. 죽음이 삶을 잉태하는 것임을 그렇게 '자연스러워지는 것'임을 진하게 기록했다.

죽은 할머니를 머리맡에서 내려다본 그의 사진은 기록의 필연성을 말해준다. 죽음의 언저리를 맴도는 삶의 흔적을 끌어다가 제 가슴에 매다는 것이야말로 제대로 치른 장례라는 것을 증명해 보인다.

모든 죽음이 세상에 남긴 온기며 사랑이며 찬란한 유산이라고 생각한다면, 도시의 도처에 버려진 의자 역시 그러하다. 재개발 예정인 산동네의 후미진 골목길이나, 야산이며, 공터, 누군가 이사를 가거나 세간을 바꾼 주택가에는 버려진 의자가 많다. 도시에서 버려진 것들은 회수되게 마련인데 잊혀지고, 상한 것들이 빠르게 자취를 감추는 속도 속에서도 간혹 자신의 죽음을 남에게 드러내 보이는 의자가 있다. 서서히 다리가 주저앉고 몸의 꼴이 쇠해가는 것이 있다. 그것은 빛 속에서도 그늘을 만들고, 어쩐지 쉰내가 나는 것 같기도 하다.

그러나 죽어가는 의자가 주변의 풍경에 물들어가는 모습은 근사하다. 민들레가 노란 꽃을 피우고, 개망초가 흰 얼굴로 방긋거리고, 잡풀이 쑥쑥 몸을 올리면서 의자의 죽음을 감싸드는 모습이란. 벌들이 궁싯거리고, 개미들이 놀러 오고, 나비가 더듬이를 맞대며 건네주는 말들이란. 죽어가는 의자가 제 죽음을 인정하는 동안 그들은 이내 친구가 되고, 평화로운 최후를 약속해준다.

　　　　최광호가 기록한 '죽음'은 실은 제 자신을 관찰한 것이었고, 나무의 '죽음'은 오히려 숲의 생장에 기여하는 자연의 순환이었다. 이제 모든 죽음은 영원한 사라짐이 아닌 쑥쑥 자라나는 생명의 여로, 자연스러운 차례로 보인다. 의자의 죽음을 생각하면서 '나무의 죽음'을, 또 최광호의 사진을 떠올리는 이유는 의자라는 사물과 인간의 죽음이 다르지 않기 때문일 것이다.

　　　　죽어가는 의자에 드리워진 그림자는 어느 노인의 검은 주름과 닮아 있고 그 주름의 굽이마다 담긴 삶의 노정은 의자의 지난날을 연상하게 한다. 내가 의자의 죽음에 다가서는 이유도 아마 여기 있지 않을까? 죽음에 이르는, 자연으로 돌아가는 뒷모습을 오래 응시할 때 지금 내가 여기 서 있는 자리도 가늠할 수 있을 테니까. 혹은 내 삶의 옆자리에 항상 어떤 죽음이 함께하고 있다는 사실이야말로 존재의 독선에 빠지지 않는 엄연한 진리일 테니 말이다.

연못 의자의 벗

지리산 속에는 연못이 있는데, 그 위에는 소나무가 죽 늘어서 있어 그 그림자가 언제나 못에 쌓여 있다. 못에는 물고기가 있는데 무늬가 몹시 아롱져서 마치 스님의 가사와 같으므로, 이름하여 가사어袈裟魚라고 한다. 대개 소나무의 그림자가 변화한 것인데, 잡기가 매우 어렵다. 삶아서 먹으면 능히 병 없이 오래 살 수 있다고 한다.
_정민, 『한서이불과 논어병풍』 중에서

이덕무의 청언소품집 『이목구심서』의 한 구절이다. 스스로를 책만 보는 바보, 간서치看書痴라 부르던 사람, 추운 겨울 찬 구들에서 홑이불만 덮고 잠을 자다가 『논어』를 병풍 삼고 『한서』를 물고기 비늘처럼 잇대어 덮고서야 겨우 얼어죽기를 면했던 사람. 가난과 질병을 숙명처럼 안고 살았던 이덕무의 소품집을 훑다 보면 사유의 문장이란 것이 별것 아니라는 생각이 든다.

삶 자체가 그대로 글이 되었던 소품문의 정체를 살피더라도 그렇다. 어린아이와 여성, 예인 등 소수적 존재들에게 눈을 돌려 삶의 단면을 기록한 그의 글은, 그동안 '고문'에 가려 '잃어버렸던 사건'과 '봉쇄된 목소리'들이 생동하던 언어의 바다였다. 또한 작은 것들의 향연으로 소박한 풍경을 그려낸 소품문은 당시 새로운 시선의 도래를 알리는 기치였을 뿐만 아니라, 조선인들의 삶을 있는 그대로 드러낸 시대의 일기였다.

　　　그래서인지 이덕무의 글을 읽으면 나도 모르게 '공명통'이 울린다. 고답의 시대로만 알았던 시절에 살아 생동하는 글을 만나던 순간은 학창시절 몇 안 되는 기쁨 중 하나다. 그중 내가 소중히 기억하는 글귀가 바로 저 '지리산 가사어'에 관한 이야기다.

　　　소나무가 비치는 연못에 살며 내내 비치던 그림자를 제 몸의 무늬로 삼아버린 고기. 그것마저 맑은 산향이 배었을 스님의 가사를 닮았다니. 해사한 것이 지천이고, 언어 또한 그렇다. 당장이라도 지리산 자락을 뒤져 그 움푹 팬 연못을 향해 엎드려 있고 싶다.

　　　푸른 솔가지 그늘 삼아 연못을 오래 바라보고 있으면

나 역시 그 물의 투명함을 담아낼 수 있을까? 산바람에 은은히 몸 흔드는 소나무의 푸름을 닮을 수 있을까? 문득 비치는 가사어의 고운 등뼈를 내 것으로 삼을 수 있을까? 산골짜기 깊은 곳, 맑은 못과 나무 한 그루, 그 아래 눈 맞추는 사람 하나. 그것만으로 완벽하다 할 수 있는 풍경이 아닌지. 무언가에 오래 눈 맞추는 시간이야말로, 거기서 흘러나오는 향기야말로 삶의 통증을 씻어내는 명약 중의 명약이 아닐런지.

　　　　이덕무를 떠올리면 같은 시절 살았던 한 무리의 이름들이 동시에 따라온다. 조선 후기의 실학자들이자 그와 함께 우정을 나눈 벗들, 바로 연암 박지원과 홍대용, 박제가 등이다. 이 일련의 '지식인 밴드'들은 지금의 종로인 운종가 근처에 모여 살며 밤 늦도록 문장을 나누고 음악을 나누고 술잔을 기울였다(이들은 지금의 파고다 공원에 있는 원각사지 10층 석탑을 이르는 백탑 주변에 모여 살았다 하여 '백탑파'라고도 불렸다).

　　　　달빛을 받으며 종각 아래를 거닐며 담소를 나누는 사내들, 누군가 거문고를 울리면 시경을 읊어 화답하고, 수표교 위에서 달 바라는 친구의 모습에 환호하며 술상과 악기를 옮겨다 술판을 벌일 줄 알았던 이들. 서얼 출신에 재야의 학자들로 서로 어려운 처지에 있었지만 각자의 끼와 재능을 능히 아끼고 북 돋울 줄 알았던 이들.

이덕무는 아예 '매미와 귤의 맑고 깨끗함 눈으로 보고 귀로 듣고 입으로 말하고 마음으로 생각한 것을 적었다'라는 뜻의 그의 또 다른 소품집 『선귤당농소』에 친구에 관한 가장 아름다운 글을 남기기도 했다.

만약 한 사람의 지기를 얻게 된다면 나는 마땅히 10년간 뽕나무를 심고, 1년간 누에를 쳐서 손수 오색실로 물을 들이리라. 열흘에 한 빛깔씩 물들인다면, 50일 만에 다섯 가지 빛깔을 이루게 될 것이다. 이를 따뜻한 봄볕에 쬐어 말린 뒤, 어린 아내를 시켜 백 번 단련한 금침을 가지고서 내 친구의 얼굴을 수놓게 하여 귀한 비단으로 장식하고 고옥古玉으로 축을 만들어 아마득히 높은 산과 양양히 흘러가는 강물, 그 사이에다 이를 펼쳐놓고 서로 마주보며 말없이 있다가, 날이 뉘엿해지면 품에 안고서 돌아오리라.
—정민, 『한서이불과 논어병풍』 중에서

내게도 지리산 가사어처럼 내 마음을 물들게 하고 비추었던 소중한 벗이 있다. 그 우정을 지키기 위해 마땅히 노동하고 정성스레 가꾸고 싶은 벗이 있다. 그 벗들과 지리산도 가고 동해도 가고 일상의 한복판에서 어깨도 맞대었다.

나이가 드니 곁에 남은 이들은 자연스레 가려지고 또 그만큼 윤나는 관계들이 되었다. 하지만 욕심 많고 그 욕심자리로 인해 가슴이 어두워진 이들은 대체로 멀어졌다. 어떤 이는 바보처럼 손해만 보기도 하고 또 어떤 이는 마음이 약해 상처받기 일쑤지만 자신의 이익을 위해 남을 멍들게 하는 이들은 없다. 그래서 없으면 없을수록 또 넘치면 넘쳐서 나누는 관계들이 되었다.

그래서 이 소중한 벗들을 위해 남은 생 의자를 내어주며 살고 싶다. 18세기 후반, 한양의 운종가를 누비던 저들도 그랬을 것이다. 수포교를 쓰다듬던 둥근 달, 달 그림자 제 것으로 삼으며 와자지껄 걸어가던 사내들, 거기 머물던 가난과, 어깨동무하던 손들과, 가슴 사이를 흐르던 가락과 느꺼운 눈빛을 나누던 한때의 친구들이 그랬다.

그렇게 친숙한 마을길 사람 길의 풍경 속에 오순도순한 의자들 놓여 있었을 것이다. 한여름 인사동이며 종로를 가까운 친구들과 오갈 때면 문득 그런 생각이 든다. 지금 나는 나의 벗들과 함께 생을 비추는 연못 의자에 앉아 있는 것이라는.

세월 후에 남겨진 것들

어린 시절 할아버지는 중절모자를 즐겨 쓰셨다. 타이를 매지 않은 잿빛 양복에 햇빛에 반짝이던 대나무 지팡이가 기억 속 그의 이미지다. 잘 차려입고 대문을 나서는 할아버지를 보면서 나는 곧잘 열린 문 사이로 집 밖을 나가는 흰둥이 단속을 하기도 했고, 마당에 핀 봉숭아를 들여다보며 곁눈질을 하기도 했다. 할아버지의 외출을 틈타 한두 번 거울 앞에서 옷걸이의 모자를 써보기도 했다. 물론 속으로는 제비꼬리처럼 뻗은 콧수염을 상상으로 그려보면서……

나는 할아버지가 어떤 노래를 좋아했는지, 담배를 피웠는지 안 피웠는지조차 기억나지 않는다. 다만 대문을 나서고 들어오시던 실루엣만 환영처럼 떠오를 뿐이다. 몇 가지 기억을 보탤 수는 있지만 그조차 언어로 표현하지 못할 그림자 같은 것들뿐이다.

　　　　나의 오늘에는 할머니도 할아버지도 기억의 뒤안길로 사라졌다. 끓여놓은 막걸리가 있다며 등교하는 손녀를 붙잡아 세우시던 할머니도 한자 공부 시켜주던 할아버지도 먼 얘기다. 다만 우두커니 앉아 해바라기 하던 뒷모습과 명절 때나 방문 열고 나와 가족들과 눈 맞추고 몇 마디 말 나누던 야윈 얼굴이 더 가깝다. 그 시절 청춘을 보내느라 바쁘고 정신없던 무심한 내 얼굴이 켕기고 또 켕긴다. 그리고 그들이 가고 몇 해가 지나서야 어느 작가가 내민 낡은 사진에서 조부모의 을씨년스러운 고독을 다시 만났다.

　　　　콜라주 아티스트 버지니아 에체베리아 휘플. 그녀는 할리우드에 머무르던 시절, 노인들만 살던 건물에서 버려진 앨범 하나를 주웠다. 누군가가 죽었고 아무도 그 앨범을 원치 않는 것 같았다. 능란한 가위질 솜씨와 비범한 이미지 연금술사인 그녀가 할 일은 이제 하나! 사진 속에 담긴 과거를 재현해보는 것, 자신만의 감각으로 새롭게 만들어보는 것이다.

　　　　노인들의 옛 사진들을 자르고 붙인 버지니아의 사진 속엔 의자에 앉아 정면을 응시하는 여자가 있다. 콘크리트 벽에 둘러싸인 그녀는 자신이 앉은 의자의 네 다리처럼 앙상하고 위태롭다. 누군가와 함께 살지만 그들은 이미 타인이 되어 멀어져 갔고 매일이 모호하고 뒤죽박죽으로 엉켜 있는 것만 같다. 깔끔하게 치워진 너른 마당, 창문 뒤의 어둠, 비스듬한 그림자, 얇은 바지와 맨발, 슬리퍼 따위는 정적의 불안을 부추기는 요소들.

사진 속 침묵은 고요와 평화라기보다는 노후의 따분함, 무관심한 시선들을 견디는 '굳어버린' 고독이다. 의식적인 친근함에 파묻힌 스웨터와 책임감과 의무감으로 무장한 이들이 비껴가는 앙상한 발목. 그 뻑뻑한 것들이 맞이하는 세상은 사진처럼 접히고 접히다가 결국 생의 뒷면이 돼버릴 처지에 있다. 아무도 건져올리지 않는 추억이란 물먹은 종이처럼 충분히 무거워졌다.

그 물 먹인 종이를 들어 햇빛에 비춰본 적이 있는지, 무릎덮개를 하고 마당에 나앉은 이들의 심장이 어떻게 뛰는지 만져본 적 있는지. 그 고독이며 외로움이 실은 어떤 혼잣말을 중얼거리고 있는지 귀 기울여본 적 있는지.

아파트 베란다에 딱딱한 의자 하나 내놓고 그 위에 망부석처럼 앉아 계시던 조부모를 보내고, 이제와 그들의 지난 앨범을 들추는 것이, 그 버려진 퍼즐을 맞추는 것이 어떤 이기심일지는 모르겠지만 버지니아의 사진을 볼 때면 어김없이 내게 유일한 그분들이 떠오르곤 한다. 아침마다 딱딱해진 무릎뼈며, 손마디, 등뼈를 새로 펴야만 했던 그들을 그보다 더 딱딱한 아스팔트의 일상으로 내몬 전범이 바로 내가 아니었을까 하는 생각이 드는 것이다.

내가 들춰내지 못한 비밀 아닌 비밀들. 새하얀 머리칼 사이로 새나가버린 그들의 이야기를 도리스 되리Doris Dorrie 감독의 〈사랑 후에 남겨진 것들〉만큼 또렷이, 또 아름답게 그려낸 영화도 없다. 영화의 원제 'Cherry Blossoms'은 만개한 청춘의 이야기에나 붙일 법한 제목이지만 생각해보면 사쿠라의 흐드러짐이 이내 꽃잎 분분한 낙하를 동반하고, 그 투신의 잔해가 영화 속 노인의 푸르디푸른 캐시미어 스웨터를 닮아 있다는 걸 떠올리면 그리 무리한 제목도 아니다.

누군가의 말처럼 봄은 그저 "저질러보자는 심산으로 그저 만발한 어린 것들을 앞세우고 온다"지만, 그 어린 것들의 스러짐은 오히려 노년의 주름살 같고, 그 파인 자국이 들꽃들의 도장 같다는 데 생각이 미치면 봄 꽃의 정경은 차라리 노후의 파란을 대변하고 있다.

영화 속 트루디가 아내의 스웨터를 입고 벚나무 아래 섰을 때, 아내를 대신해 후지산을 찾았을 때, 간신히 모습을 드러낸 찬 새벽의 후지산을 배경으로 그림자의 춤, 폐허의 춤 '부토'를 추었을 때. '사랑 후에 남겨진 것들'을 풀어내는 남자의 모습은 모두 노인의 굽은 가슴에 품었던 생의 열정이자 이루지 못한 꿈이었으니 말이다.

정원에 앉아 미련 없는 눈동자로 허공을 헤는 이들은 사실 많은 것을 숨기고 있다. 그들은 지난 모든 미련을 떨치고 지금이라도 부토춤을, 히말라야를, 알래스카를, 아마존을, 사랑을, 열정을 되살리고 싶어 한다. 남은 날이 남겨진 것이 되지 않게 하기 위해, 이미 맹렬하게 소진한 시간으로 전복하기 위해 최선을 다해 허공만을 바라보는 것이다. 결국 휠체어에 앉아, 아이들의 재롱을 보며, 자식의 번민을 들으면서 말이다.

봄이라 해도 할말없다. 청춘이 그 봄을 누려보기 전까지는.

우리가 앉았던

의자들

상록수

우리는 그 벤치에 앉아 상록수를 불렀다. 때때로 두발 단속이며, 복장 단속을 하는 학생과장 선생님의 말투를 흉내내거나, 수학공식을, 영어단어를 외우기도 했다. 나는 시를 쓴 노트를 펼쳐 보이며 어떠냐고 물었고, 그애는 대학생 언니에게서 배운 노래를 불러주었다. 벤치 옆의 은행나무는 가을이면 노랗게 물이 올랐고 어느 선생님이 내놓은 들국화는 탐스럽게 꽃봉오리를 열었다.

중학교 시절, 운동장 구석의 어느 벤치에 앉아 친구와 나는 한창 푸르렀다. 돌아보면 그 시절의 나는 옳고 그른 것이 분명했다. 아니 선명했다. 체벌을 하는 선생님은 비난받아 마땅했고, 복도의 껌을 떼 보이며 '나도 참교육 한다'며 너스레를 떨던 선생님은 우스워 보였다. 어떤 일에는 분개해 유인물을 만들어 교실마다 뿌리려고도 했고, 학교가 끝나면 해직교사 선생님을 찾아가 궁금한 걸 물었다.

그즈음 한겨레신문이 창간했고, 대통령 선거가 있었다. 세상은 둘로 보였고 통일이니, 혁명이니, 우리 것은 좋은 쪽에 속했다. 함부로 화가 났고 함부로 남을 비판했다. 친구와 난 자주 벤치에 앉았고 떨어지는 상수리 이파리를 보았다. 가슴엔 불덩이가 살고 있었고 그 불덩이가 물정 없이 타올랐다 사그라지곤 했다.

고등학교에 들어서면서, 붉은 체크무늬 교복을 입고 야간 자율학습을 위해 도시락 가방 두 개를 들고 다니면서도 나는 벤치에 앉는 버릇을 버리지 못했다. 노래하는 습관을 끊질 못했다. 벤치에 앉아 동기들에게 〈상록수〉를 불러줬고, 〈그 날이 오면〉 〈닫힌 교문을 열며〉 〈행복은 성적순이 아니잖아요〉를 열창했다. 열심히 장구를 쳤고, '인터크루'나 '미찌코런던' 등을 입고서 소풍 가는 친구들을 비아냥거렸다.

『한겨레21』 창간 기념 공연을 가야 한다며 담임선생님께 떼를 썼고, 5·18 추모 미사에 교복을 입고 홀로 갔다. 그러면서도 맨 뒷자리에 앉아 김광석 노래를 들으며 짝꿍의 도시락을 받아먹었고, 수업에만 열중하는 수학선생님에게 '무심'을 질타하는 편지를 쓰기도 했다. 그 사이 쥐구멍을 타고 컵라면을 나르기도 했고, 패스트푸드점에 들러 감자튀김과 콜라를 주문했다. 미용실에서 『슬램덩크』를 읽고 키득거렸으며 친구들과 자주 쪽지를 주고받았다. 마음은 점점 더 답답해져갔고 세상은 점차 모호해져갔다. 내 안에서조차 옳고 그름에 무뎌져갔고, 학교를 졸업하자 세상의 면면들이 얼굴을 들이밀었다.

  지금의 나는 사람들을 비난하고 싶을 때 스스로가 먼저 뜨끔해진다. 일상의 부당과 부조리 앞에서 뒷걸음치고, 무관심의 얼굴을 한다. 기껏해야 군중 속에 끼여 촛불을 밝히고, 광장의 구석에서 옛일을 무용담처럼 추억한다. 술자리에서 푸념하고 욕지기를 내뱉는다. '함부로'가 가시가 되고 외려 부당한 것이 된다. 노래를 하기보다 노래를 듣고, 벤치에 나란히 앉기보다 혼자 앉을 자리를 찾고, 어디서건 벽을 쌓고 좁은 방을 만들어 틀어박힌다. 그 방 속에서 내 스산한 세월만, 연애만, 관계만 떠올린다.

  허허로운 날들엔 쇼핑을 하고, 머리를 바꾸고, 차를 몰고 여행을 떠난다. 하지만 세상이 자꾸 풀 수 없는 퍼즐이 되어갈 때, 관계가 독이 되고 끝도 없는 외로움이 차오를 때면 자꾸 벤치의 날들이 자리를 편다. 〈상록수〉를 자신만만하게 부르던 시절이 생각난다. '희망'이라는 것을 의심 없이 받아들였던, 이것과 저것 중 하나를 주저 없이 선택할 수 있었던 마음을 그리워한다. 부당한 것은 부당한 대로, 차별은 차별대로, 폭력은 폭력대로, 가난은 가난대로, 흐르는 것이 제 갈 길 가듯이 세상 속에 박혀 있는 모습이 그대로 삶의 꼴이려니 순응하다가도 찬물을 끼얹듯 옛일들이 쏟아진다. 순정이라 부를 수 있었던 멋모르고 철없던 시절이었지만 그 단순함이 빛났던 벤치 위의 내가 보고 싶다. 그날들에서 길었던 가치만은 한쪽 주머니에 자꾸 챙겨 넣고 싶다. 그것이 내 양식이려니 생각한다.

    누구에게나 〈상록수〉의 시절이 있다. 가장 붉은 가슴을 지녔고, 그래서 함부로 아프고 함부로 화가 났던 시절이 있다. 이즈음의 나는 그 시절의 정수만은 평생 간다는 믿음이 있다. 그것이 자꾸 마음을 가다듬게 하고 허리를 곧추세우게 한다는 믿음을 갖게 된다.

    삶은 자꾸 갈지자를 걷게 만들지만 남이 내어준 길로만 가기보다 제 길을 만들며 살아야 한다는 쪽에 무게가 실린다. 그 길 위에서 〈상록수〉를 만나고 긴 벤치 위에 나란히 앉을 두서너 사람 함께라면 더할 나위 없는 인생이라는 꿈을 품게 된다.

세월상회

종착역 모르고 나선 길우에
어디서부턴가 세월상회 보이더라
여로旅路에 닳은 오른쪽 발꿈치 소풍가는 듯
설레는 마음
치렁치렁 수천 올의 붉은 발 바람에 살랑인다
활짝 닫힌 가게 푸른 잎사귀 새 나온다
'세월상회는 복숭아 남구
복숭아는 씹지 않아도 달고나'
동구 밖까지 나오시던 어머니 복숭아 한 알 들고
먼저 와 계시더라
어머니
등에 난 씀바귀는 다 뽑으셨어요
바람에 허리 꺾이며 묻는 말
복숭아 이파리에 어룽거리는 세월상회
그 문 사이로 들어가 먼지처럼 쌓이고 싶더라

대학시절 멋모르고 시를 끄적거렸다. 글이 무어냐 물으면 죽창 대신 드는 펜이라 중얼거렸던, 사춘기적 감성을 버리지 못했던 시절이었다. 언어의 담도 세월의 담도 올려보지 못한 주제에 시대를 먼저 외쳤었다. 흔한 말로 숲의 담론만을 외고 있었지, 나무의 켜를 응시하지 못한 것이다.

지금이야 순수했다고 말할 수 있는 그때를 과거에 가둬두고 있지만 그래도 그 순수의 찌꺼기는 아직 세상을 보는 내 눈의 안경이다. 하지만 그 안경 역시 낡고 오래되어 희뿌옇다고 고백할 수밖에 없다. 나날의 고단을 이유로 안경알 닦는 일에 점점 무뎌지고 있으며, 그조차 닦아낼 수건 한 장 마련해두지 못했기 때문이다.

얼마 전 간만에 얼큰한 술자리가 있었다. 안면만 있던 동기녀석이 그 시절 내가 지은 시 한 편을 기억해주었다. 나조차 잊고 있었던 졸작이다. 하지만 다시 만난 글은 외려 앳되고도 말간 얼굴을 하고 있었다. 한 줄 한 줄 읽어내려가는데, '세월상회'라는 제목에서 새벽마다 가게 문을 열고 닫았던 어머니의 수십 년 세월이 스쳤다.

기억 속에서 어머니의 나들이 풍경은 양장점에서 새

로 맞춘 검은 투피스를 입고 나선 어느 날의 모습이 유일하다. 나머지는 해진 바지며 매만진 지 오래된 파마머리, 대충 신은 슬리퍼, 쪼그려 앉은 채 급하게 밥을 먹고 물건을 지고 나르던, 그야말로 일상에 찌든 나날들이 전부다.

    그 피곤 속에서 우리 가족은 양식을 얻고 학교에 다녔으며 나이를 먹었다. 어머니가 칠순을 넘긴 지금 생각해보면 그 시절의 어머니가 내 어머니로서 가장 건강하고 생동감 있었던 때였다. 하지만 어머니의 젊은 날 대부분 일터가 되어준 '가게'의 풍경을 나는 '죽음 이후의 공간' '삶의 종착역'으로 여기고 있었던 셈이다. 거기엔 몇 가지 이유가 있다. 고등학교 때 김소진의 단편 「쥐잡기」를 읽으며 막연히 받아들였던 가게의 풍경이 그렇다. 몇 평짜리 구멍가게에서 무기력한 아버지와 생활력 강한 어머니가 하루하루를 이어가고 그 가난과 불안 속에서 아이들이 자랐다. 그렇게 어떤 가족은 시대의 한 조각을 이루고 있었다. 하지만 나는 소설 속의 이런 풍경이 하나도 낯설지 않았다. 외려 그 비극이 내 것인 것 같았다. 사실 아이들은 부모의 비극을 얼마간은 알아차리게 마련이다. 남몰래 흘리는 눈물이며 소리 죽여 나누는 말싸움, 곧 닥칠 위기감이나 불안 따위를 아주 쉽게 알아차린다.

　　　　나 역시 어머니가 내는 울울한 눈물의 말들을 듣고 자랐다. 당시에는 내 가족이 머문 공간 전부가 비극의 자리로 읽힌 것이다. 어찌 행복하고 단란했던 순간이 없겠냐마는 집에 대한 노동에 대한 어머니의 원초적 인식이 그러했다는 말이다.

　　　　지금은 사라지고 없을, 풍진 가득한 길 위의 삶이 기다리고 있을 옹삭하고도 처연한 옛 상회. 그 가게 문을 열고 들어갈 골진 손길이 만져졌다. 나도 모르게 내 얼굴을 비춰보게 됐다. 가게 밖으로 나오지 못한 얼굴은 서늘했다. 눈가에 맺힌 주름, 그 눈물길에서 찰랑 하는 소리가 들리는 것도 같았다.

　　　　삶의 어디쯤에서 나도 씀바귀보단 파안대소하는 파꽃을, 질경이보단 샛노란 유채꽃을 먼저 찾아내고 싶다. 무엇보다 나의 '세월상회'를 반질반질하게 윤나도록 닦고, 나그네를 위한 의자 하나 마련하고 싶다.

윤미네 집

　　　　직업상 한 달에 한 번 미술관련 기사를 써야 한다. '꽃그림'이나 '동물그림' '가족을 담은 그림' '여인의 초상' 등 하나의 기획을 잡아 기사를 완성하기도 하고 좋은 전시 소식이 있으면 아예 그것으로만 페이지를 할애하기도 한다. 그렇게 숱한 전시들을 만났는데 그중에서도 한미사진미술관에서 있었던 전몽각의 사진전 〈윤미네 집〉은 특별하다. 우연히 지인을 통해 사진집을 먼저 구입하게 되었고 그 사진에서 받은 감동이 채 사라지기 전에 반가운 전시 소식을 듣게 된 것이다.

　　　　여러 이유가 있겠지만 내게 〈윤미네 집〉은 한 가지 이유에서라도 기억에 남는다. 그것은 한 집안의 가장이 기록한 소소한 풍경이 기억에서 잠자는 '그리운 집'을 깨워주었기 때문이다.

서른을 훨씬 넘긴 지금, 형제들은 모두 출가해 가정을 이루고 노모와 단출히 식탁에 앉는 것도 드문 풍경이 되어버린 요즘, 집 안 곳곳의 빈 의자가 자꾸 눈에 띄는 걸 보면 아이들과 사건사고로 가득 찼던 그 시절 '꽉 찬 집'이 내 주위를 끈 것은 당연한 일일 것이다.

아빠는 마당을 쓸고 엄마는 아기를 업은 채 부엌에서 서성거린다. 큰애는 쪼그리고 앉아 얼굴을 씻고, 작은애는 아직 꿈 사이를 헤맨다. 아침 하늘은 찌는 듯한 오후를 예고하고, 때로 우윳병을 문 아기가 울고 아이들은 흙바닥에서 공기놀이를 하고 색종이를 접어 날린다. 우르르 밥상 앞에 모여 앉고 우르르 대문 밖으로 쏟아지듯 흘러나간다. 밤이면 귀를 쫑긋이며 아버지의 귀가를 기다리는 시간, 술 냄새가 풍기는 날도, 양손 가득 감귤이며 포도송이 매달린 날도 있다. 커다란 손 붙잡고 아장아장 따라나선 시장길, 거기서 맡은 찐빵 냄새, 도너츠 냄새. 자전거에 앉아 흥얼거리는 동요와 따라 들리는 휘파람과 산들바람 소리…… 아이들은 자라고 어른들은 쇠약해지는 사이, 시간은 매일 밤 추억을 늘리고 미래를 끌어당긴다.

한 가정에 생명이 태어나고 자라는 풍경, 아이들과

함께 세월을 나는 빽빽한 시간의 켜에 자리한 순간을 사진으로 기록하는 일은 어쩌면 축복이다. 거긴 눈도 뜨지 못한 생명이 있고, 보는 이까지 환하게 물들이는 웃음이 흘러나오고, 뾰로통한 얼굴에도 삶을 향한 호기심과 열망이 가득하다. 들꽃 한아름도 훌륭한 선물이었음을, 숟가락 잡고 부르던 노래 한 소절로도 가슴이 까르륵거렸음을, 가난도 아름다웠음을 추억하게 한다. 지금은 고인이 된 전몽각의 사진들, 그가 가족과 함께 꾸려온 소소한 일상을 만나는 일이 그랬다.

훗날, 전몽각의 사진에서 받은 느낌을 어느 일본 작가의 사진에서 고스란히 만났다. 우에다 요시히코의 『At Home』이다. 그의 사진은 앳된 소녀 같던 아내가 아이 셋의 엄마가 되어가는 기록, 바로 우에다 씨 집안의 가족 앨범이자 그 가족이 깃든 집과 시간에 대한 찬가이기도 하다. 제 키만 한 인형하고 낮잠 자기, 강아지 따라다니기, 걸음마하기, 글자 배우기, 동생 돌보기, 우유 마시고 간식 먹기, 마당에서 물 튀기며 놀기, 발레복 입고 춤추기. 또는 바다로 향하는 산책길, 가죽소파 위로 내리쬐는 오후의 햇살, 창문을 때리는 비와 탁자 위의 꽃병 등. 모두 누구나 겪었을 가정의 소사이지만 키 웃자라고 세상 익히느라 정신없던, 흘러버린 시절이다. 의외로 빨리 헤엄쳐가 버리는 유년의 시계가 아니던가.

전몽각과 우에다 씨가 기록한 가족 풍경을 마주하다 보니 고맙게도 나의 유년이 스스럼없이 밀려왔다. 까맣게 잊고 있던 그 시절의 일상에 끼어든 수선스러움과 침묵, 깔깔거리는 웃음과 고요의 숨소리를 들을 수 있었다. 신선한 토마토 주스 한 잔을 마시고 문을 탕 닫고는 골목길로 뛰쳐나간 내가 사라진 뒤로 태양이 어떻게 기웃거리는지. 투명한 유리컵 위로 토마토 즙이 어떻게 내려앉는지. 신나게 세 바퀴 자전거를 굴리고 있는 동안 엄마가 어떤 모습으로 휴식을 취하는지 알게 되는 것이다. 또 다른 발견은 그 기억 속 주인공이 나도 아니고 가족도 아니라는 것. 빈 거실이라든지, 햇빛 쏟아지는 계단, 물 한 잔 덩그러니 놓인 식탁 등 주인공은 집이라는 공간 자체, 바로 '내 가족'이 머물렀던 '우리 집'이었다.

이렇듯 집에 붙박인 추억을 헤아리고 있자니 문득, 오즈 야스지로의 〈동경이야기〉가 떠오른다. 자식들도 젊음도 빠져나간 집에 남겨진 노부부를 바라보던 시선, 그의 다정한 다다미샷이 보고 싶다. 집과 하나가 된 이들, 하나의 가계를 시작하고 가꾼 이들의 나지막한 뒷모습. 감독 오즈가 어떤 심정으로 노부부의 오래된 집을 비추었는지 어렴풋하게 감지하기도 한다. 낡은 의자의 부서진 다리와 노인의 뒷모습은 다르지 않다는 것. 노인의 생과 어린이들의 떠들썩함, 어른들의 현재가 모여 가정을 이룬다는 사실, 으레 그렇게 대물림되는 풍경이 싸하다.

요컨대 우리의 할 일은 그 흘러버릴 장면들을 바라보고 기억하는 '아주 예민한' 눈을 갖는 것. 넓디넓은 맘속에 그 풍경들을 소상히 챙겨넣는 것이다. 그 집의 풍경 속에서 두 볼은 부모의 입김으로 따스해졌고 언 손은 주름진 손마디가 녹여주었음을 고백한다. 그렇게 어떤 생이 물러가고 어떤 생이 돋아났으며, 두 생이 한집에 모여 근사한 한 시절을 수놓았음을 인정하지 않을 수 없다.

마당 깊은 집

내력이 깃든 집을 만나기 좀처럼 힘든 시절이다. 골목의 내력, 마을의 내력이 모두 새것으로 바뀌고 급기야 수천 년을 이어온 산하의 내력까지 갈아엎는 시절이니. 저 도도한 삽질의 속내를 따라가다 보면 마치 살이의 흔적, 즉 역사라는 말을 두려워하는 낌새마저 엿보인다.

사정이 이러하니 고향이, 고향집이 자리를 보전해주고 있는 이들은 드물고 드물다. 자주 들르던 학교 앞 문방구며, 슈퍼, 교복 입고 찾아가곤 했던 공원의 벤치며 서점, 음반가게들이 제자리에 있는 경우는 열에 하나가 될까? 불과 몇 달 전까지만 해도 즐겨찾던 찻집이 금세 헐리고 새 단장을 준비하고 있는 것을 보면 과거의 풍경이 사라지는 속도는 생각보다 빠르다.

그래서인지 마음이 자꾸 옛 시절로 기운다. 토끼풀로 꽃반지 만들고 버드나무 가지 부여잡고 그네 타던 날들이 자꾸 떠오른다. 다리 밑 개울에서 올챙이 잡고 흙바닥 더듬던 풍경이 꿈자리를 떠돈다. 내게도 내력이 깃든 집이 아직 존재하려나. 그곳은 아직 거기 있으려나?

초등학교 시절 방학이면 날을 잡아 한 열흘 머물던 곳. 집에서 한 시간이면 당도하던 외할머니 집이다. 처음 몇 번은 엄마 손 붙잡고 토큰 냄새 맡으며 차에 올랐지만 길을 훤히 알게 된 이후엔 동생 없이, 사촌오빠들도 없이 혼자서도 잘 찾아갔다. 군부대 앞에서 내려 길을 건너면 먼지 뒤집어쓴 탱자나무가 있고 탱자나무 오른편에 두고 걷다 보면 간혹 논바닥 한가운데 서 계시던 이숙을 만나기도 하고 거기서 멀지 않은 큰이모네를 지나 개천으로 향하던 내리막길, 그 개천에 놓인 큰 돌 대여섯 개 훌쩍훌쩍 밟고 지나가면, 아직 어린 나이라 손바닥 짚어가며 오르던 비탈이 있고 그 위에 올라서면 그제야 보이던 집. 걸러진 기억일지언정, 조각난 추억의 부스러기일지언정, 그래도 그 정경과 그 공간은 내 마음의 내력이 깃들어 있다. 조카녀석 둘과 어머니, 큰언니와 함께 해우한 그 집은 그대로였다.

　　　　외할머니는 돌아가시고 오래 전부터 다른 이들이 살고 있지만 작은 개천이며, 대문까지 도열한 밤나무, 그 사이로 난 길, 논과 밭. 그 땅에서 뿌리박고 자라는 것들은 대부분 이전 모습 그대로였다. 사는 이들에게 사정을 이야기하고 대문 안을 둘러봤더니 개들이 왕왕 짖어댔다. 그 소란 속에서도 능금나무며 외이파리, 농기구를 넣어두던 광의 퀴퀴한 냄새, 정재의 어둠까지 선명하게 몰려왔다. 집 어귀, 비스듬히 박힌 가로등 아래 조카녀석을 세워 사진 한 장을 찍고 돌아나오며 생각했다. '이 여름의 기억이 얼마간의 양식이 되겠구나'라는 다소 헛헛한 짐작과 함께.

　　　　열린 대문. 이 존재의 기쁨을 그렇게 이야기해도 될까? 굳게 닫힌 문이 아니라 언제나 반쯤 열려 나를 맞아주는 기억들. 그 문 안으로 빠져들어 둘러보고, 냄새 맡고, 쓱 하고 엉덩이 밀어넣을 수 있다는 것은 얼마나 다행한 일인가.

　　　　그래서인지 낯선 길을 걷다가도 대문이 열린 집을 보면 왠지 발 한번 들이밀고 싶고 빈 의자라도 하나 보이면 몇 분쯤 쉬어가고 싶다. 거기 앉아 장독대도 구경하고, 널린 빨래도 좀 살피고, 화단에 핀 키 작은 꽃들을 보다 보면 고향 아닌 곳도 고향처럼 느껴질지도. 열린 대문과 쉬어갈 의자 하나 마련되어 있다면 어디나 다 고향 같을지도 모른다. 하긴 고향의 정경은 언제나 열린 모습 아니던가.

지상으로만 뻗은 집들을 보며 다시 떠올려본다. 집으로 오르는 계단 대신 수평으로 난 대문과 열쇠 대신 나무 꼬챙이 하나, 놀이터의 벤치 대신 개천에 박힌 댓돌 하나를. 저 먼지 쌓인 의자와 꽉 닫힌 대문을 바라보며 지금 이 가망 없는 미련들을 줄세워본다.

아버지

　　어느 햇가 보라색 잔디꽃을 심었다. 몇 년간 손 고운 이의 뜨락에서처럼 낮게 피어오르더니 다시는 돋지 않았다. 가족들은 소담한 꽃다지를 볼 때마다 내 이름도 같이 불러주었다. 꽃자리 옆에 작은 봉오리가 탐스러운 장미를 심었다. 한두 해 꽃대궁을 올리더니 이파리부터 시드는 데 오래 걸리지 않았다. 가족들은 이제 철따라 조화를 꽂아둔다. 무덤가는 쉬운 자리가 아니다. 꽃이 피기에도 말이 머무르기에도. 시간 품과 발품이 쉽지 않다.

　　한번은 책 한 권을 두고 온 듯했다. 돗자리 펴고 누워 읽던, 아끼던 시집이었다. 기억을 더듬어도 책장과 가방 속을 살펴도 보이지 않았다. 벌초를 하다 잊었나, 기도를 외는 어머니 곁에서 베고 누웠었나 자세한 기억은 없지만 틀림없이 그곳인 듯했다.

　　　　손전등을 차에 싣고 밤길을 달렸다. 혼자 가는 길이라 헤매고 헤매다 간신히 목적지에 당도했다. 산등성이마다 불을 밝혀놓고 있었지만 내가 찾는 묏등이 어디쯤인지 분간은 힘들었다. 손전등에 길을 물어 찾고는 이내 손을 더듬었다. 마른 잔디의 감촉이 서늘했다. 서리가 내리는지 손바닥 가득 물기가 만져졌다.

　　　　일 년에 두세 번 이곳을 찾는다. 가족과 함께 오는 게 대부분, 혼자는 그 밤이 처음이었다. 소주 한 병이라도 챙겨오지 않은 게 두고두고 아쉬웠다. 마주 앉아 그렁그렁 맺힌 말도 풀어내고 하염없이 지난날을 물을 수 있었는데 그러지 못했다.

　　　　서둘러 빠져나온 그 길. 이미 터널을 지나온 나는 무덤가에 앉아 목놓아보지 않은 것이 서럽다. 외로웠을 그들은 묘지마다 묻혀 있는 것인데, 넋두리라도 속 깊은 대화로 맞이해주었을 텐데. 그렇게 한 기억을 쌓아둘 수 있었을 텐데.

　　　　그런 상상을 한다. 묘지 앞에 앉아 쇠어버린 잔디를 바라볼 때, 들고 온 우산 위로 빗방울이라도 후두둑거릴 때, 그 허공에 가만히 의자 하나 놓여 있을 것이라고. 한 손으로 턱을

괸 채 말없이 바라보다 고개도 끄덕이고, 머리도 한 번 쓰다듬었을 것이라고. 내가 두고 오지 못한 말도 챙겨 들으며 봄에 핀 꽃잔디에 새겨두었을 것이라고.

　　　　비 오는 날은 더더욱 길 물어 찾아가고 싶은 곳. 허공에 핀 꽃, 허공 의자. 그 의자를 마주하고 나도 앉아 오래도록 헐벗은 발등을 매만지고 싶다. 살아서는 쉬이 그러지 못했을 다정을 부리고 싶다. 있어주어 고맙고 기억에 머물러 감사하고, 지금 당신이 그곳에 앉아 있음을 믿는다고 고백하고 싶다. 모를 일이다. 그 발, 지그시 힘주어 지상으로 내려올지도. 구름이 나뭇가지에서 그러하듯 내 우산 속으로 슬며시 들어와 팍팍한 내 발길을 떠받쳐줄지도.

　　　　무덤가로 가는 길은 차라리 행복이다. 눈물보다 먼저 쓰라림이지만 그 쓰라림이 새살을 돋게 한다. 가끔 길을 잃어 찾아가기 쉽지 않지만, 제비꽃 한 송이보다 잿빛 먼지 쌓이게 마련이지만. 그도 흙이고 자연이라 나비 날아오르고 잠자리 날개를 편다. 그래서인지 무덤가에서 환영처럼 보는 것들은 죄다 푸르고 어린 것들이다. 마음도 함부로 깔깔하지 않고 순하디순한 미소만 남아 매미처럼 울어댄다. 꽃무릇이 지천이고, 살아서 말간 양복쟁이, 출근하듯 대문을 밀고 나가는 뒷모습이 보이는 것이다.

　　　살아남은 자의 가슴에 봉긋하게 솟은 묘. 그리하여 그 무덤 속에는 낡은 것도 아니고 바래지도 않은 풍경이 살고 있다. 자전거 뒤에서 얼굴 기대던 든든한 등허리, 주머니에서 짤랑이던 하루 5백원 용돈, 소주 냄새와 함께 들려 있던 비닐봉지 속 감귤, 살아생전 눈 오는 날 남의 집 앞까지 쓸던 도량 넓은 비질 소리마저 들리는 것이다.

봄을 견디는 시간

고등학교 시절 가을을 좋아했다. 친구와 함께 자율학습을 빼먹고 줄행랑치다 바라본 깨끗했던 가을 하늘을 잊지 못한다. 이십대에는 줄곧 겨울을 좋아했던 것 같다. 그러던 것이 서른 즈음부터는 봄이 새록새록하다.

나이 탓인가도 싶지만 길고 긴 겨울을 지나 축포처럼 터지는 꽃차례하며, 귓가를 스치는 사탕 바람을 그냥 지나치지 못한다. 자주 꽃구경을 가고 싶고, 꽃그늘 아래 자리를 펴고 싶다. 나로 향하던 마음이 세상을, 계절의 풍경을 기웃거리는 것이다. 그렇게 소상히 눈도장을 찍던 봄 풍경이 이제는 눈을 감고도 선하다.

도시의 봄에서 가장 먼저 만나는 꽃은 목련. 겨우내 새순을 틔운 목련의 꽃방망이가 새끼손가락만 하다가 점점 어른 주먹 크기로 부풀어오르면 필 때가 되었다는 신호다. 가로등 하나 둘 켜진 골목을 타박타박 걸어 노는 길, 저녁 어스름이 피곤한 어깨를 만지는 때면 골목길 어느 담장 안에서 얌전히 입 벌린 그 꽃을 만난다. 그렇게. 목련은 언제나 문득 핀다. 흰빛 외롭게 솟은 목련을 본 날이면 언제나 목련에 관한 노래를 듣고, 목련에 관한 시를 읽고 싶다. 김지하의 시에 음을 붙인 김광석의 노래를, 신용목의 「목련전차」를 김경주의 「목련」을 읽고 그리움의 감수성, 그 온도를 재고 싶다.

목련이 눈에 들어오면 그때부터 꽃들은 안달이다. 개나리가 비탈마다 기지개를 켜고 영산홍 무더기가 자주 그 소란을 들킨다. 영산홍이 보일 때면 산등성이의 말간 진달래가 생각나게 마련, 그 무렵에는 조팝나무의 흰 꽃도 눈에 띄고 무엇보다 벚나무 꽃대궐이 문을 열 때 절정을 이룬다. 벚나무 아래 서면 내리는 꽃비, 그 비를 맞는 일은 일 년의 기쁨 중 하나다.

머리칼에 꽃잎 이고 술잔을 기울이는 밤, 건듯 부는 바람에도 어깨가 들썩이는 밤, 달도 벙긋, 산도 벙긋, 땅도 벙긋, 함박꽃 같은 그 웃음에 난데없이 몸 다는 밤, 봄밤은 그렇게 삶의 취흥으로 여문다. 그렇게 봄 인사 나누다 보면 계절은 어느덧 여름의 문턱이다.

이태준 단편 「꽃나무는 심어놓고」에서 등장하는 벚나무, 사쿠라는 헤어진 아내와 조우하는 서러운 만남의 장소이기도 하다. 집으로 돌아가는 길을 잃고 술집 작부로 내몰린 아내와 병들어 죽은 아이를 비 오는 밤 땅에 묻은 아비가 된 남편이 사쿠라 아래서 만났던 것. 누가 봐도 행색이 초라한 남자가 벚꽃 그늘을 지날 때, 그 남자 멀리 보이던 화사한 여인이 자신의 아내라는 걸 알아차렸을 때, 서로가 서로를 지나칠 때, 터지던 사쿠라, 웃지 못하던 사쿠라…….

한국적 단편의 새로운 미학을 완성한 이태준의 글에서 만난 사쿠라의 풍경은, 세상일 그렇듯 꽃나무 아래에서도 사랑은 피고, 사랑은 지고, 그리움이 불을 지핀다는 걸 알게 한다. 이장혁의 노래 〈봄〉이 노래하듯 4월의 봄은 겨울의 냉기 씻어내지 못한 싸르르한 시간이기도, 그 차거움 하루빨리 털어내고 싶은 열망의 시간이기도 하다.

봄으로 나가고 싶을 때, 미친 듯 꽃이 피고 지는 순간들을 하염하고 싶을 때, 작은 의자 하나 들고 가기를 권한다. 낮이면 낮이라 좋고, 밤이면 밤이라 좋다. 하지만 사람들은 안다. 봄꽃 옆에는 으레 의자 하나쯤 마련되어 있기 마련이니까. 거기 앉아 봄에 취하는 게 남은 세상 견디는 것이 요령이란 걸 아는 사람은 다 안다.

눈이 와

눈을 기다린다. 잠들기 전 창문을 열어본다. 연한 분홍빛이 맴도는 하늘이면 눈이 내릴 것이다. 하지만 아직은 아니다. 밤사이 내릴까? 눈이 내린 아침은 사방이 고요하다. 소음들이 눈 속에 묻힌다. 나무들이 가지를 털어도 소리가 없다. 눈을 향해 떨어지는 것들은 죽지 않는다. 다만 풍경 속에 몸을 누이고 다만 잠시 살아가는 일을 잊는다.

눈에 관한 노래를 듣고 눈에 관한 책 한 권을 배낭에 넣고 다닌다. 그렇게 한 짐 가득 눈을 부려놓고 나면 마치 눈사람이 된 것 같다. 겨울볕에도 녹지 않고 추위도 타지 않는 한 마리 숲 속 짐승 같다. 그렇게 걷고, 버스에 오르고, 지하철을 타면 왠지 고귀한 짐승 같다.

『스밀라의 눈에 대한 감각』에서 스밀라는 눈을 읽는

것은 음악을 듣는 것과 같다고 했다. 눈을 읽는 것은 모두 잠들고 아직 깨지 않은 시각에 나만 발견하는 기분, 그때는 고독과 전지전능함이 균등하게 반반씩을 이룬다고 했다. 흰 눈밭에 첫 발자국을 내는 기분이 그럴 것이다. 왼발이 나가면서 몸의 무게가 담기면 움푹 패는 눈, 그 기꺼움에 맨발이고 싶어지는 그런 기분이다. 자꾸 하늘을 쳐다보게 되고 자꾸 한마을로 보이는 세상 쪽을 향한다. 평화라는 것이 있는 것만 같고, 거기 신의 섭리가 뻗은 것도 같다. 차들은 모피코트를 입은 양 반짝이고, 지붕은 아이스크림 꼭대기처럼 부드럽다. 나무들은 천사처럼 우아한 날개를 폈고, 사람들은 깡총거리는 새들 같다.

스밀라를 만난 겨울, 백년 만의 폭설이 도시 전체를 뒤덮은 날이었다. 길에는 조심조심 발길을 옮기는 사람들의 느린 행렬이 이어졌고 버려진 차와 쓸지도 못한 눈더미가 지천이었다. 눈에 묻혀 세상이 정지되고 나니 차라리 편안했다. 그 속도가 날 안심시키던 날들이었다.

그즈음 일 때문에 주고받던 어느 사진작가와의 메일에는 자연은 가끔 제 위력으로 인간의 만용을 돌아보게 한다는 구절이 있었고 역시 스코틀랜드의 폭설에 갇혔다는 그 역시 내 말에 동의했다. 기록적인 강설량을 보여준 파리의 눈 풍경을 보내온 이도 있었다. 지구의 이쪽과 저쪽에서 발생한 눈사태의 시간 속에서 윤건의 〈홍대 앞에 눈이 내리면〉을 들었다. 김광진의 〈눈이 와요〉도 질리도록 들었다.

눈밭을 거닐 때면 자동적으로 그 두 곡의 재생버튼을 눌렀다. 지금 세상의 풍경과 똑같은 노랫말을 듣는 게 좋았다. 이별 후에 이별 노래를 듣는 기분과는 또 달랐다. 감정의 동일시가 아니라 풍경의 찬가인 것이다. 폭설이 진정시키던 그날들을 지나며, 눈 풍경의 아름다움에 대한 스스럼없는 애무를 보내며, 이 쨍한 날이야말로 감정을 내맡기기에 제격이라고 생각했다. 눈이 부신 세상이야말로 묵은 빨래를 걸어놓기에 좋은 날이라고 생각했다.

눈이 내리면, 세상의 절반이 눈에 덮이면 나는 내 모든 우울을 데리고 외출할 것이다. 태워버린 편지와 버리지 못하는 구두, 타다 남은 갈망과 허위의 마음을 데리고 갈 것이다. 외로움에 때가 탄 옷을 주섬주섬 챙겨입고 그 푸른 코트 속에 그것들을 꽁꽁 싸매고 갈 것이다. 그러고는 의자에 앉아 눈 내리는 세상을 볼 것이다.

그건 내 우울에 대한 존중의 표시다. 사람들은 바흐의 오르간 연주를 들으며 교회의 의자에 앉아 우울을 덮기도 한다. 나도 그랬다. 새벽의 한기를 느끼며 창문을 열어놓기도 했고, 성당 고해소에 앉아 눈물을 흘리기도 했다. 사람들 속에서 재빨리 명랑해지기도 했다.

넘치지 않을 만큼의 고독, 씁싸래한 통증의 기억, 결코 해맑지 않은 미래들이 뒤섞인 우울병을 건드리는 것이다. 사실 심장소리에 맞춰 출렁이는 그것들을 데리고 나오는 일이 쉽지 않다. 무엇이 우울인지 아닌지 구별하기도 힘들다. 또 그것들은 속성상 바깥으로 나가는 걸 좋아하지 않는다. 피부 속에 숨어 빛을 거부한다. 하지만 나로서도 별수 없다.

나도 내 맘속에 꾹꾹 다져진 눈을 안다. 촘촘한 시간의 결에 쌓여 깊어진 것들을 안다. 얼음 위에 또 얼음. 꽁꽁 언 자리에 다시금 엉겨붙는 얼음. 우울이 너테가 되는 날들이면 마음은 쉽게 진공이 된다. 귀도 먹먹하고 가슴도 그렇다. 길을 가다가 마른 나뭇잎이 자동차 바퀴에 짓이겨지는 것만 봐도 위태로워진다. 그래서…….

눈이 내리면, 세상의 반이 눈에 쌓이면 난 내 방을 나올 것이다. 걸으면서 소리들이 차례로 잠드는 것을 들을 것이다. 그리고 "겨울이다"라고 가볍게 속삭일 것이다.

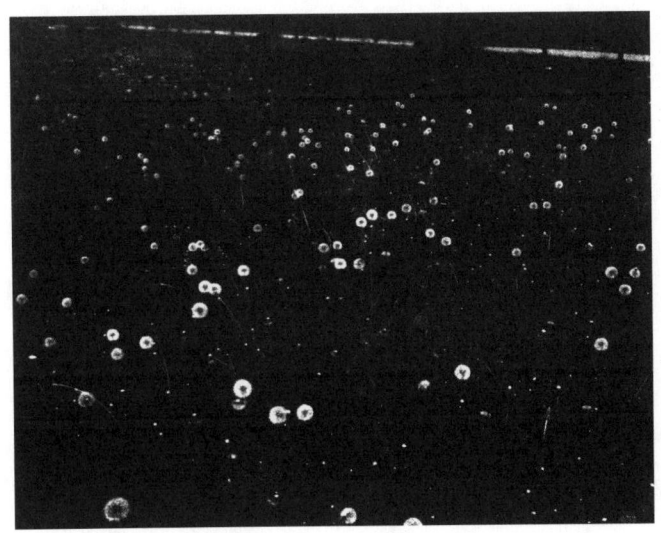

제주도 백구

　　　　제주 올레를 걷던 날. 해는 쨍쨍하고 바람은 적당한 것이 섬 날씨로는 꽤나 드문 날이었다. 산책하기 좋은 날. 모처럼 나선 길 위에선 이어폰 속의 노래도 나긋나긋 공기도 풋풋, 더불어 봉오리를 연 꽃만으로도 경쾌한 기분은 그만이었다고나 할까?

　　　　풀포기에, 어느 집 담장의 페인트 색깔에, 빨랫줄에 내건 샛노란 유치원 가방에 정신 팔다 문득 뒤를 돌아보니 백구 한 마리가 뒤따라오는 게 보인다. 내친김에 한 50미터 의식하며 걸어봐도 여전하다. 내 기준으로야 뒤따라오는 것이지만, 워낙 당당하고 분방한 것이 이 지역 개들의 특징이라 처음에는 어디 마실이라도 가나보다 싶었다.

　　　　그도 그럴 것이 뒤돌아 눈길 맞추는 나는 아랑곳없이

돌길로 빠졌다가 멍하니 바다를 바라보기도 하고 흙 냄새도 맡고 꽃 이파리에 얼굴도 부비며 자주 옆길로 새는 것이 영락없이 제 길 가는 또 다른 산책자다. 히야 고녀석 폼새 한번…… 사라졌다 나타났다를 반복하면서 무려 4킬로미터 거리를 함께 걷는 것 아닌가.

한번은 새로운 마을길로 들어서는 어귀에서 눈앞에 또 다른 개가 다가오는 게 보였다. 아무래도 뒤쪽의 녀석이 의식되어 걸음을 멈추고 상황을 지켜볼 수밖에 없었다. 행여 싸움이라도 나면 어쩌나. 남의 동네 함부로 발 들였다고 되우 혼이나 나지 않을까 새가슴으로 조마조마했더랬다.

그런데 위풍당당 서로를 향해 다가가던 두 마리 개, 코를 맞대고 조용한 눈빛을 교환하더니 10초쯤 지났을까, 산책하던 놈은 하던 놈대로 동네 한 바퀴 휘 돌던 놈은 또 그대로 쿨하게 작별이다. 참으로 점잖고 우아한 지나침이다. 지켜보던 나만 무색해져버린 상황. 남은 길을 다시 걸으며 궁금했다. 도대체 서로 뭐라고 한 것이야?

어린 시절 워낙 개를 좋아했다. 아빠 자전거를 끌고

혼자 외갓집으로 가서는 강아지 한 마리를 태워온 적도 있다. 큰 자전거라 타지도 못하고 내내 걸어왔는데, 눈 맞추고 세상구경 시켜주면서 '흰둥이'라는 이름도 지어줬다. 중학교 때는 선생님의 가정 방문 날, 막 출산을 시작한 흰둥이 덕분에 선생님 기다리랴, 초조하게 아기들 기다리랴 안절부절못하기도 했다. 그렇게 태어난 아기들, '믿음이' '소망이' '사랑이'를 밤마다 끼고 잤다. 이젠 잃어버리고 만 소통의 감각들이 한창 발휘되던 시절이었다.

하지만 곧이어 닥친 사춘기며 이십대는 오로지 스스로에게만 집중했다. 친구와 노는 날이 많아졌고 강아지 따위야 관심 밖이었다. 내가 느끼고 경험하고 생각한 것이 마음속 주인 행세를 하던 시절이었다. 다시 나 아닌 생명이 눈에 띄는 나이다. 세월을 지나며 이런저런 곡절에 치이다 보니 저절로 타인을 돌아보는 눈이 생긴 덕이다. 차별받고 존중받지 못하는 목숨들에게 미안한 마음.

이전과는 다른 이성적인 감정이지만 평등과 공존이라는 단어는 마땅히 존재하는 모든 것들을 위한 것이어야 한다고 생각한다. 반려동물을 키우지도 않고 마당도 나무 한 그루도 없는 도시의 골목에 붙박여 있으니 공으로 듣는 새들의 노랫소리도 멀고 고양이는 어쩌다 날쌔게 숨는 자동차 밑에서 간신히 쭈그리고 있어야 눈이나 맞춰주는 정도. 온통 사람만이 들끓는 상황이니 다른 생명을 접할 기회도 많지 않지만 그 생각만은 꿋꿋하게 자리잡았다. 또 그래야 한다고 생각한다.

한쪽에서는 자연과 인간의 극심한 분리가 진행되고 있는 시점, 반려동물에 대한 인기는 그 어느 때보다도 뜨겁다. 이는 모 TV 프로그램에 소개되어 큰 반향을 불러일으킨 '애니멀 커뮤니케이터'에 대한 관심에서도 반려견과의 일상을 담은 영화의 인기에서도, 최근 들어 출간된 동물의 사생활과 권리에 대한 다양한 책을 통해서도 알 수 있다. 책과 영화 등에서 이야기하는 것은 다른 게 아니다. 동물 역시 상처와 아픔의 기억을 간직하고 있으며, 함께 살아가는 우리는 그 아픔을 같이 매만지고 치유하기 위한 관심을 기울여야 하며, 인간의 눈이 아닌 그들의 눈으로 동물의 삶을 존중할 줄 알아야 한다는 것.

수수께끼였던 동물의 행동이 가늠되고 종종 그들의 평화가 우리에게 전염되는 순간을 상상해본다. 산책할 때마다 매끄럽고 둥근 돌을 물고 오는 '어떤' 개의 취향을 인정할 때 배시시 흘러나오던 웃음을 떠올려본다. 단잠에 빠져든 고양이의 표정에서 나도 모르게 옮겨붙은 평화로움을 그리워해본다.

꽃씨를 맺고 있는 깽깽이풀 앞에 앉아 '내일은 이런 이기적인 세상이 아니기를' '미래는 이런 탐욕스러운 생명체가 아니기를' 중얼거렸다는 어느 시인. 그 작은 풀꽃 앞에서 '방사능 비가 내린다는데 나만 우산을 받고' 있다며 '미안하다, 미안하다' 했던 그 부끄러움이 모두의 것이었으면 한다.

고양이에 관한 사색

스미골 양을 생각하며

처음 스미골을 집으로 데리고 왔을 때, 녀석은 책상 밑으로 들어가 꼼짝도 하지 않았다. 사료가게에서 사온 닭가슴살 육포며 사료를 들이밀어도 요지부동이었다.

스미골은 '스코티시 폴드' 종의 회색 고양이. 회색빛 털과 초록색 눈동자가 너무도 귀여웠던 녀석이다. 하지만 엄마와 떨어져 낯선 집에 첫발을 디딘 스미골은 좀체 적응할 기미가 안 보였다. 고개를 책상 밑으로 들이밀고 숱한 회유와 달콤한 말들로 애정공세를 펼쳤지만 돌아오는 것은 묵묵부답.

둘째 날 저녁, 대답 없는 스미골의 반응에 지친 나는 안타까운 마음을 안고 피곤한 몸을 잠자리에 뉘였다. 잠이 설핏 들었을까? 책장 위에서 내려올 생각을 않던 스미골의 사뿐한 발

소리가 들렸다. 창문, 책상, 그리고 바닥까지. 여유롭게 착지를 끝낸 녀석은 천천히 내 주위를 맴돌기 시작했다. 솔직히 처음에는 몸이 쭈뼛했다. 하지만 킁킁 내 몸의 이곳저곳 냄새를 맡고 코를 부비는 녀석의 행동이 이내 궁금해졌다. 그리고 알아차렸다. 스미골은 마음을 열 준비가 돼 있다는 걸. '고마워, 나랑 여기서 잘 지내보자'라는 마음을 건넸다. 그러자 스미골이 내 배 위로 살포시 올라오는 것이 아닌가. 보드라운 털, 앙증맞은 발, 이내 우리는 달콤한 잠에 빠져들었다.

스미골은 잠이 많은 고양이였고, 새로운 장난감도 딱 삼 일이면 싫증을 냈다. 내가 의자에 앉아 노트북을 만지작거리면 이내 털복숭이 엉덩이를 자판 위에 들이대곤 방해공작을 편다. 계단을 올라오는 내 발소리가 들리면 현관 앞에서 얌전히 기다리고도 있었다. 좀처럼 화내는 일이 없었고, 목욕도 야무지게 견뎠다.

스미골은 누구에게나 친절한 느긋하고 온순한 고양이였다. 하지만 스미골과의 추억은 채 일 년을 넘기지 못했다. 친구 집에 스미골을 건네주고 온 날, 방 안 곳곳에 잔상처럼 남은 녀석의 흔적 때문에 얼마나 울었는지. 지금 생각하면 스미골에게는 미안한 마음뿐이다.

 가족의 동의를 구하지 못하고 입양한 것이, 충분히 신경써주지 못한 것이, 나로 인해 받았을 마음의 상처를 다독여주지 못한 것이. 그리고 무엇보다 '너'라는 우주를 제대로 느끼지 못한 채, 한낱 추억으로 남기고 만 것이(덧붙이자면 새로운 주인을 만난 스미골 양은 몸도 날씬해지고 얼굴도 예뻐졌으며 시집 간 주인 따라 신혼집에서 또한 행복하시더라는).

 한 달간 인도여행을 다녀온 친구가 건넨 사진을 물끄러미 둘러보다 문득 한 편의 우아한 시를 떠올렸다. 송찬호의 「고양이가 돌아오는 저녁」. 시에서 화자는 "달이 솟아오르는 창가", 고양이 옆에 앉는다. 그는 "손을 핥고 연신 등을 부벼대는" 고양이를 보며 쉬이 사라지지 않는 '마음의 비린내'를 생각한다. 그리고는 "처마 끝 달의 찬장을 열고/맑게 씻은/접시 하나 꺼내" "여기 이 희고 둥근 것이나 핥아보라"고 말한다.

 하늘로 난 부엌 찬장, 접시 꺼내듯 휘영청한 달을 내미는 모습, 달의 빛나는 표면을 향해 혀를 내미는 고양이. 몸의 '궁기'가 아니라 '마음의 비린내'를 위해 우리가 호흡해야 할 것은 무엇일까? 그 비밀스럽고도 신비한 입맛을 다실 이는 왜 고양이인가?

　재미있는 사실은 최초의 인류가 지구에 출현했을 당시, 고양이는 그보다 수백만 년 전에 이미 진화를 끝냈다는 것이다. 고양이의 역사는 인류의 역사보다 적어도 2천 만 년은 거뜬히 앞선다고도 한다.

　이쯤 되면 비밀투성이인 고양이라는 존재가 어느 정도 가늠된다. 바람에 부비는 소나무 이파리 소리에도 귀를 쫑긋거리며, 기념비적인 감각으로 새를 낚아채는 솜씨, 침묵조차 사라진 발걸음과 야생의 숨을 간직한 목소리. 속박과 구속에는 진저리치면서 온몸으로 자존감을 표출하는 행동양식. 퇴근길 골목의 담장을 어슬렁거리는 고양이의 부드러운 허리 위로 솟아오른 달은 제법 잘 어울리는 한 쌍이다. 고양이의 빛나는 눈은 달의 오묘를 닮았다. 햇살 아래서 낮잠을 청하는 고양이만큼이나 달빛 받은 고양이의 뒷모습도 고즈넉하다.

　마당이 사라지고 담벼락만 솟아오른 도시의 주택가에서 춥고 배고픈 삶을 살아가는 길고양이들에 대해, 어느 날 허름한 봉지에 담아온 생선을 놓아둔 대문 옆에서 오래 머물던 그림자에 대해. 배 위로 올라와 따순 몸을 비비던 나의 옛 친구 스미골에 대해 생각해본다.

풍경 그림

계절의 한복판, 계절과 계절 사이 많은 여행을 했다. 알프스의 푸른 언덕에서, 프라하의 오래된 다리 위에서, 제주 올레의 바람 부는 오름에서, 종달새 날아오르는 남해의 마늘밭에서, 동해의 거뭇한 밤바다에서 때 묻은 갈망은 나도 모르게 순해지고, 마음밭 가시 같던 미움이며 화의 감정은 설 곳을 잃었다. 풍경은 그렇게 나를 쉬게 하고 마음의 독기를 빼주었다.

풍경은 한눈에 들어오지 않는다. 천천히 들여다봐야 한다. 서른이 넘어 좋은 것 중 하나는 바로 이 풍경을 읽는 눈이 생겼다는 것. 강요당한 속도가 아니라 나만의 속도를 갖게 됐다는 것이다. "자연과의 교감은 고독 속에서 이루어진다"는 화가 프리드리히의 말을 되새겨도 그렇다. 감정의 겉치레가 없어야 마음의 창이 열리고 고독이 함께한 친교의 시간이 있어야 비로소 풍경이 비치는 것이다.

그래서 풍경화는 보는 것만으로도 마음이 깊어진다. 그 속에 풍경에 관한 서정적 인상과 사색거리가 녹아 있기 때문이다. 풀을 세우고, 나무를 세우고, 지평선을 잇고, 하늘을 발라 그린 그림. 그렇게 한 풍경을, 자연을 이룬 그림이다. 종교화의 장식물로 존재해온 자연이 그 자체로 그림의 주인공이 되고 본격적인 활기를 띤 것은 '자연으로 돌아가라'는 루소의 외침이 성행한 시절, 파리 외곽의 바르비종으로 몰려든 일군 화가들의 붓끝이었을 것이다.

거대한 퐁텐블로 숲의 매력에 이끌려 바르비종으로 향한 루소와 밀레, 또 코로. 그들은 바르비종의 여관에서 호두를 까며 포도주를 마셨고, 퐁텐블로 숲을 헤매고 다니며 자연의 시를 나누고 화폭의 영감을 붙들었다. 바위의 윤곽이 햇빛 아래서 얼마나 또렷해지는지, 나무의 이파리마다 빛의 살점이 어떻게 떨어지는지, 물에 비친 하늘은 어떻게 뭉개지는지 관찰하고 또 관찰하며 자신만의 풍경을 만들어나갔다. 그들에 이르러서야 풍경은 역사적이고 서사적인 과거의 문맥들을 지울 수 있었으며, 살아 있는 숨결이 고스란히 화폭에 담겼다.

답답한 도시에서 발품을 팔 여유도 생기지 않을 때, 이들의 그림을 바라보고 있자면 서서히 숲의 공기가 차오른다. 쉴 만한 바위도 많고 하루종일 품에 안겨 있어도 지루하지 않을 나무도 가득하다. 눈 뗄 곳도 없고 딱히 시선을 한 군데 집중할 필요도 없다. 그냥 침묵으로 바라보기에 제격이다.

바르비종파의 풍경 중에 개인적으로 장 밥티스트 카미유 코로의 그림을 좋아한다. 그의 시적인 풍경에 마음을 뺏긴 순간은 지금도 생생하다. 그의 삶 역시 풍경 못지않은 관조감으로 가득한데, 스물여섯 살 늦은 나이에 그림을 시작한 코로는 그림을 연인 삼아 평생 독신으로 살았다. 그래서 이 말 없고 고독한 화가는 말년에 '은빛풍경화'라는 자신만의 화풍을 구축하고 이 풍경으로 많은 이들을 사로잡는다. 퐁텐플로 숲의 모트르퐁텐 연못은 서정적인 풍경을 즐겨 그린 코로가 자주 소재로 삼은 곳. 그는 이곳을 담은 작품을 여러 점 남겼는데, 색을 자제하고 나무와 바람, 호수와 맑은 하늘 등을 완성도 높은 구도로 그려낸 것이 특징이다.

거대한 참나무에서 분사되는 나뭇잎, 그 아래 꽃을 줍고 공기의 맛을 훔치며 자연의 시계에 붙들려 있는 이들. 모트

르퐁텐의 맑은 연못과 해사한 하늘빛. 저 풍경 아래서라면 생도 달콤할 수 있으며, 시간이 얼마나 부드러운 것인지 떠들고 싶어진다. 더불어 자연과 사랑에 빠지는 것이 가장 근사한 연애라는 말을 진리처럼 받아들이고 싶어진다.

19세기 영국 낭만주의 화가 존 러스킨은 "풍경화에서 빛의 원천인 하늘은 회화적 감정을 표현하는 열쇠이자 기준이지만, 그 눈부신 광채에도 불구하고 풍경에서 눈에 튀지 않아야 할 뿐더러 현실에서 멀찌감치 떨어져 거리를 유지해야 하므로 가장 그리기 어려운 소재"라고 말했다. 하늘을 잘 그리는 것이야말로 좋은 풍경화의 절반을 완성한 것이나 다름없다는 말로 해석해도 되지 않을까? 은회색 하늘이 대기의 빛깔과 거기 담긴 따뜻한 온기까지 담아낸 코로의 하늘을 보고서야 드는 생각이다.

사실 풍경에서 사람이 숨어버리면 밋밋하다. 풍경을 관조하는 이가 끼어들 여지가 사라지는 것이다. 그저 공활한 땅과 텅 빈 허공만 있다면(그것으로 또 다른 사색을 시작할 수도 있긴 하겠지만) 마음 기대고 감정을 떠넣을 은유의 맛이 사라져 어딘지 차가워 보이기도 한다. 코로의 그림이 편안한 이유도 풍경과 자연스럽게 어우러진 인물 때문인지 모른다. 거대한 나무 아래 부신 하늘을 응시하며 앉아 있는 어린 소녀가 그러하듯, 그게 삶인 것도 같고 자연과 인간이 평화로운 가장 평화로운 순간인 것도 같다.

  자연 속에 나 홀로 있는 시간. 처음에는 고독과 두려움이 끼쳐올 테지만 가만히 마음을 실어놓으면 서서히 느끼게 되지 않을까? 나는 지금 풍경 속에 있는 것이라고. 그리하여 한 편의 시가 되고 있는 중이라고.

ⓒ강성희: 68쪽, 71쪽, 98쪽, 99쪽, 118쪽, 119쪽, 245쪽
ⓒ김성문: 7쪽, 169쪽
ⓒ김태환: 21쪽, 27쪽, 32쪽, 43쪽, 45쪽, 51쪽, 140쪽, 141쪽, 156쪽, 157쪽,
175쪽, 187 쪽, 195쪽, 225쪽, 239쪽
ⓒ김연진: 77쪽
ⓒ이정우: 83쪽, 111쪽, 151쪽, 162쪽, 163쪽
ⓒ장유정: 181쪽
ⓒ최병관: 129쪽
ⓒIan Baguskas: 147쪽
ⓒJens Olof Lasthein: 106쪽, 107쪽, 130쪽, 131쪽, 218쪽, 219쪽, 226쪽, 227쪽
ⓒThomas Haywood: 56쪽, 57쪽, 63쪽, 100쪽, 101쪽, 205쪽, 233쪽

이 서적 내에 사용된 사진 저작권은 출판사와 해당 저작권자에게 있습니다.
무단 전재 및 복제를 금합니다.

My humble stories got completed thanks to your wonderful pictures.

서른, 우리가 앉았던 의자들

초판 1쇄 인쇄 2011년 9월 21일
초판 1쇄 발행 2011년 9월 27일

지은이 기낙경
펴낸이 김선식

2nd Creative Story Dept. 김현정, 박여영, 최선혜, 한보라, 유희성, 백상웅
Creative Design Dept. 최부돈, 황정민, 김태수, 손은숙, 박효영, 이명애
Creative Marketing Dept. 모계영, 이주화, 정태준, 김하늘, 신문수
  Communication Team 서선행, 박혜원, 김선준, 전아름
  Contents Rights Team 이정순, 김미영
Creative Management Team 김성자, 윤이경, 김민아, 류형경, 권송이, 김태옥
Outsourcing design: Type.Page

펴낸곳 다산북스
주소 서울시 마포구 서교동 395-27
전화 02-702-1724(기획편집) 02-703-1725(마케팅) 02-704-1724(경영지원)
팩스 02-703-2219
이메일 dasanbooks@hanmail.net
홈페이지 www.dasanbooks.com
출판등록 2005년 12월 23일 제313-2005-00277호

필름 출력 스크린그래픽센타
종이 월드페이퍼(주)
인쇄·제본 (주)현문

ISBN 978-89-6370-609-2 (03810)

- 책값은 뒤표지에 있습니다.
- 파본은 본사와 구입하신 서점에서 교환해드립니다.
- 이 책은 저작권법에 의하여 보호를 받는 저작물이므로 무단 전재와 복제를 금합니다.